Was einen Menschen ausmacht

Über die innere Schönheit im Aussen

Band 7 aus der Serie

«Gesellschaft verstehen».

Copyright und Design:

Michael von Känel

Verlag:

www.denkmalnach.ch

Inhalt

1 Einleitung 4

2 Schönheitsideale 7

3 Äusserlichkeit 13

4 Maskerade 17

5 Wahrheit im Innen 20

6 Schönheit im Aussen 24

7 Wir sind, was wir denken 27

8 Wir fühlen, wie wir denken 31

   8.1 Was allgemein innerlich schön macht 33

   8.2 Zufriedenheit 34

   8.3 Dankbarkeit 38

   8.4 Selbstsicherheit 40

   8.5 Bescheidenheit 43

   8.6 Freundlichkeit 45

   8.7 Einfühlungsvermögen 46

   8.8 Wertschätzung 48

   8.9 Reinheit 49

   8.10 Wahrheit 51

   8.11 Ehrlichkeit und Redlichkeit 54

9 Der Körper als Spiegel 57

10 Der Körper als Chronik 61

11 Der Körper als Zeugnis 64

12 Der Körper als Chance 68

13 Frieden mit sich selbst................................... 72

14 Frieden mit allem andern............................. 76

15 Ausblick.. 81

16 Schlusswort...................................... 86

1 Einleitung

Kennen Sie auch Menschen, in deren Nähe Sie sich gerne aufhalten?

Und kennen Sie Menschen, die Sie meiden?

Haben Sie sich schon Gedanken darüber gemacht, warum dem so ist?

***

In *Gotthold Ephraim Lessings* Theaterstück *Nathan der Weise* wird die *Ringparabel* erzählt. Diese Parabel gehört wohl zu den repräsentativsten und kostbarsten Vermächtnissen des *Zeitalters der Aufklärung*.

Es geht in dieser Parabel um einen Ring. Dieser Ring hat die wunderbare Eigenschaft, dass er seinen Träger vor Gott und den Menschen gefällig macht.

Aber gegen den Schluss der Parabel erfahren wir, dass der Ring seine Wirkung nur offenbart, wenn der Träger sich dem Ring würdig erweist.

Und dies ist der Hinweis, der für uns essentiell ist: Egal, woher wir stammen, welcher Kultur und welcher Nation wir angehören, und ungeachtet unserer Religion und unseres Glaubens tragen wir eine Verpflichtung in uns, solange wir leben. Es ist die Pflicht, uns so zu verhalten, dass wir die goldene Regel des Zusammenlebens achten, allen Menschen die gleiche Würde zugestehen und das Leben an sich als etwas Ehrbares und Einmaliges wertschätzen.

Und wenn wir das tun, dann erben wir den Ring unserer Vorfahren. Den Ring, der vor Gott und den Menschen gefällig macht…

Natürlich, in der heutigen Zeit würde man andere Metaphern und andere Ausdrücke nutzen, um den Mitmenschen so etwas Bedeutsames schmackhaft zu machen.

Dennoch hat die Weisheit, die dieser Parabel zugrunde liegt, keineswegs an Wirkungsvermögen eingebüsst: Noch immer suchen wir unbewusst die Nähe derer, die uns so annehmen, wie wir sind. Wir suchen nach ihnen, weil uns in ihrem Umfeld wohl ist, und weil wir uns ganz und heil fühlen, wenn wir eine Zeit lang bei ihnen verweilen dürfen.

Was ist es, was einen Menschen für uns anziehend und gleichzeitig achtbar macht?

Um diese Frage geht es in diesem Büchlein hier. Und wir gehen in diesem Büchlein davon aus, dass es auf all das ankommt, was sich im Innern eines Menschen abspielt. Denn dieses Innenleben hat seine Wirkung im Aussen. Wer weiss, vielleicht führt es sogar zu wahrer Schönheit…

Wir suchen also nicht nach äusserem Schein, sondern nach inneren Werten, die so gelebt werden, dass sie Auswirkung auf das Aussen haben.

Dem Autor ist bewusst, dass dieses Buch hier stark mit dem Büchlein *«Menschenwürde – Wir spiegeln uns in denen um uns herum»* zusammenhängt. Aber wir wollen hier eben nicht nur die Menschenwürde thematisieren, sondern auch noch all die anderen Dinge, die uns als «schön» erscheinen lassen.

Aber was ist schon Schönheit? Und wie kommt sie zustande?

Was hat Schönheit mit Täuschung oder Wahrheit gemein?

Wann fallen wir nicht mehr auf das herein, was uns in die Irre führt und uns verblendet?

Und was wäre, wenn man uns selbst als wahrhaftig schön bezeichnen würde, selbst wenn wir alles andere als dem gängigen Schönheitsideal entsprächen?

Also, es gibt viel zu ergründen und viel zu reflektieren. Fangen wir damit an, dass wir den Begriff «Schönheit» und das, was wir unter einem «Schönheitsideal» verstehen, genauer untersuchen.

2 Schönheitsideale

Ein Ideal ist eine relative Grösse, an der man sich in Bezug auf sein Verhalten oder sein Urteil bezieht. Wir sollten uns nicht auf Ideale abstützen, die von aussen gegeben sind. Denn über solche Fremdideale werden wir manipulierbar und auch fehlbar.

Wir sollten unsere eigenen Ideale erschaffen. Und zwar, indem wir genau beobachten und über das nachdenken, was wir sehen. Und wir sollten diese Ideale auch ständig weiterentwickeln, damit wir nicht stehenbleiben und dadurch an positiver Wirkung einbüssen.

Und wenn wir dann in Ruhe auch noch in uns gehen und zu verstehen versuchen, wie die Dinge auf uns wirken, dann gibt uns das die Möglichkeit, ein Ideal nach unseren eigenen Werten, Haltungen und Bedürfnissen zu definieren.

So viel zum Ideal.

Jetzt zur Schönheit:

Kann es sein, dass sich unser Empfinden in Bezug auf Schönheit während unseres Lebens wandelt?

Ist für ein Kleinkind das Gleiche schön wie für ein Kind, einen Teenager, einen Erwachsenen oder einen Greis?

Blicken wir der Realität doch mal direkt ins Auge: Schönheit wird allgemein als etwas Äusseres verstanden, das wir mit unserem Sehsinn wahrnehmen. Und alle scheinen sich nach dieser einen Ansicht auszurichten, obwohl doch eigentlich jeder weiss, dass es nicht auf das Erscheinungsbild ankommt. Denn wer das Aussen sieht, sieht noch lange nicht ins Herz eines Menschen.

Warum also lassen wir uns durch äussere Schönheit so einnehmen? Und warum tragen wir unsere eigenen Vorlieben, um nicht zu sagen Vorurteile in Bezug auf Äusserlichkeiten in uns?

In unserer Gesellschaft gelten sehbehinderte Menschen als «blind». Könnte es sein, dass man sich da täuscht?

Man kann nicht nur mit seinen Augen sehen, sondern auch mit seinem Herzen. Und abgesehen davon gibt es auch noch das innere Auge. Und manche sprechen sogar von einem dritten Auge.

Was braucht es, damit wir von einer oberflächlichen Sichtweise wegkommen können und Wahrheit blicken?

Wir sollten wohl in erster Linie mal von gewissen Vorurteilen und Paradigmen wegkommen. Wir sollten unseren «gesunden Menschenverstand» mal auf Herz und Nieren überprüfen und unsere

Eigendünkel abzulegen versuchen, bevor wir uns die Frage stellen, wer schön ist und wer nicht.

Was ein Schönheitsideal ist? Wohl in den meisten Fällen ein Irrtum, der von unserer Manipulierbarkeit herrührt.

Und warum sind wir in Bezug auf Schönheitsideale manipulierbar?

Höchstwahrscheinlich, weil wir unsicher, unselbständig, übertrieben selbstkritisch und auf unseren Selbstvorteil bezogen sind.

Wir erkennen unsere eigene Schönheit nicht an, ganz egal, in welcher Form sich diese zeigen mag. Wir suchen lieber etwas im Aussen, was dem gängigen Schönheitsideal entspricht und versuchen, uns dieses anzueignen. Und indem wir dann etwas Schönes besitzen, denken wir, dass wir mehr, besser oder schöner sind.

Kann es sein, dass wir uns damit selbst betrügen?

Und warum wollen alle in etwa das gleiche Schöne für sich beanspruchen?

Wollen wir das, was andere auch wollen, um besser zu sein als sie, wenn wir es kriegen und sie nicht?

Oder wissen wir womöglich gar nicht, was wir wollen, und streben darum nach dem, was andere sagen, es sei schön und daher erstrebenswert?

Nun ja, für die Reichen und Schönen mag es vorteilhaft sein, wenn alle so denken und funktionieren. Aber werden wir so unseren Mitmenschen gerecht? Werden wir gefällig vor anderen, wenn wir einem Schönheitsideal nachrennen, das keiner unserer Nächsten zu erfüllen vermag?

Der Autor durfte mal einen blinden Mann mittleren Alters in einer Gartenlaube beobachten. Der Mann sass in seinem Rollstuhl und entsprach in seiner äusseren Erscheinung vorerst nicht dem gängigen Schönheitsideal. Er war ungeschickt gekämmt, wenn überhaupt, nicht ganz sauber rasiert, und sein Kleidungsstil liess in Bezug auf den letzten Schrei der Mode so einiges zu wünschen übrig.

Aber abgesehen von diesen äusseren Erscheinungsfaktoren, hatte dieser Mann etwas!

Er sass da, und schien wahrzunehmen. Man konnte auf seinen Gesichtszügen Empfindungen und Gedankengänge erkennen. Und dem schönen Ausdruck nach zu urteilen, die diese Empfindungen und Gedanken dem Antlitz des Mannes verlieren, mussten es sehr schöne Gefühle und Gedanken sein.

Und nach längerem Betrachten fiel dem Autor die Ausstrahlung dieses Mannes auf. Dieser Mann war umgeben von einer Helligkeit, die seinesgleichen sucht. Eine Helligkeit, die schon fast an Heiligkeit erinnert. Denn wer heil und mit sich im Reinen ist, der nähert sich so einem Zustand an, der verbindend wirkt.

Als dann der Vater seinen blinden Sohn abholen kam, fiel die liebevolle Art des Sohnes auf, wie er seinem Vater Dankbarkeit und Wertschätzung erwies, obwohl es für den Vater völlig selbstverständlich zu sein schien, dass er sich seit jeher um seinen Sohn kümmert.

Nein, mit einem Foto dieses blinden Mannes bekäme man auf den verschiedenen Online-Plattformen nicht viele Likes. Aber der Autor muss unumwunden zugeben, dass eine grosse Leere zurückblieb, nachdem der blinde Mann weg war.

Was genau ist Schönheit? Und was ist ein Ideal?

Sobald wir bereit sind, die Relativität von Schönheit und von Idealen zu akzeptieren, werden wir erkennen, was wirklich zählt in unserem Leben.

Wir werden so nicht nur lernen dürfen, was einen Menschen wirklich ausmacht. Nein, wir werden so auch auf wahre Schönheit treffen. Auf Schönheit, die man mit den Augen nicht sehen kann, die aber das Leben lebenswert und zu etwas Besonderem macht.

Und so erkennen wir, dass Schönheit viel weiter reicht als nur bis auf das Äusserliche. Und vielleicht lohnt es sich daher, nach einer Möglichkeit zu suchen, wie das Äussere umgangen oder durchdrungen werden kann, damit wir das Innere wahrzunehmen vermögen.

Wer das Innere erkennen lernen will, der muss sich wohl zuerst mit dem Äusseren beschäftigen. Das wollen wir im nächsten Kapitel zu tun versuchen.

3 Äusserlichkeit

Bei der Äusserlichkeit sollten wir uns schon mal bewusst sein, dass es ein echtes Äusseres gibt, was wir als «natürlich» bezeichnen, und dass es das künstlich beeinflusste Äussere gibt. Denn ein Mensch sieht gänzlich anders aus, je nachdem, ob er geschminkt ist oder nicht. Er sieht auch anders aus, je nachdem, ob er sich zurechtgemacht hat oder nicht. Und wenn er eine Maske trägt, dann sieht er nochmals ganz anders aus.

Sind wir in der Lage zu erkennen, inwiefern eine Sache oder ein Lebewesen in seiner Schönheit einer Beeinflussung unterlag?

Es ist sehr einfach, der Äusserlichkeit nachzuhelfen, auf dass sie dem gängigen Schönheitsideal näherkommt. Wir können dies zum Beispiel schon nur über Bildbearbeitungsprogramme oder Fotofilter tun.

Aber jede Manipulation am natürlichen Äusseren ist immer nur ein Versuch, über etwas, was ist, hinwegzutäuschen.

Äusserlichkeit ist gegeben, denken wir. Und weil wir diese Annahme einfach so übernehmen, uns damit aber nicht abfinden können, doktern wir ein Leben lang an Äusserlichkeiten herum und vergessen dabei, dass es ja gar nicht auf das Aussen ankommt.

Essen wir bei einer Orange die Schale oder das Fruchtfleisch? Lieben wir einen anderen Menschen, weil er schön ist, uns aber behandelt wie den letzten Dreck, weil er keine Liebe in sich trägt?

Äusserlichkeit an sich ist ein Irrtum. Denn sie besteht nur aus der Oberfläche von etwas. Und wenn an dieser Oberfläche noch Vorkehrungen getroffen werden, damit sie anders wirkt, dann bleibt nur noch sehr wenig von dem übrig, was wirklich ist.

Aber Äusserlichkeit ist nicht in erster Linie deshalb ein Irrtum. Vielmehr vergessen wir, dass alles zusammengehört. Denn das, was einen Menschen ausmacht, ist nicht nur sein Körper. Es ist auch sein Geist und seine Seele, die ihn zu etwas Einzigartigem machen.

Wäre es nicht möglich, dass das Denken und Fühlen eines Menschen viel mehr Einfluss auf seine Schönheit haben, als wir diesen inneren Vorgängen jemals zugestehen würden?

Und ist es nicht sehr wahrscheinlich, dass die Art, wie ein Mensch lebt, denkt und fühlt, sich in seinem Äusseren widerspiegelt?

Bösartigerweise kann man auf dem Netz Bildvergleiche sehen von schönen Menschen und dem, was nach zwanzig oder dreissig Jahren aus ihrem Äusseren geworden ist. Und in der Tat lassen sich teilweise krasse Unterschiede feststellen. Rühren diese Unterschiede wirklich nur vom natürlichen Alterungsprozess her?

Wir alle wissen, das äussere Schönheit nicht immer nur ein Geschenk sein muss. Sie kann auch ein Pfand oder sogar eine Last sein. Denn wer äusserlich schön ist, der zieht Menschen an, denen es um Äusserlichkeiten geht.

In seinem Roman *«La beauté sur la terre»* hat *Charles Ferdinand Ramuz* das Schicksal eines jungen, unschuldigen, aber sehr hübschen Mädchens beschrieben. Und er zeigt in dieser Geschichte sehr schön auf, dass es den Menschen bei Schönheit fast immer um das Besitzen geht. Und weil *Juliette* dies immer mehr erkennen muss, flüchtet sie schliesslich.

Diese Flucht ist sinnbildlich zu verstehen: Die Schönheit auf Erden verlässt uns, wenn wir sie besitzen wollen.

Wäre Juliette geblieben, wenn die Leute ihre Aufmerksamkeit nicht dem Äusseren, sondern dem Innern der jungen Frau zugekommen lassen hätten?

Äusserlichkeit macht nur einen so kleinen Teil von all dem aus, was ist. Und unsere Sichtweise ermöglicht uns auch nur, einen kleinen Teil von dem, was schön ist, zu erkennen.

Die Folge davon ist, dass wir das Schöne ständig suchen, aber nicht finden können, weil wir einerseits nur auf das Äussere achten, und andererseits von einem Schönheitsideal geblendet sind, das uns wahre Schönheit in den meisten Fällen verkennen lässt.

Und wie jetzt diesem Umstand nicht schon genug Unheil folgen würde, fallen wir auch noch auf Verstellung und Maskeraden herein.

Wenn wir darum verstehen lernen wollen, was einen Menschen ausmacht, so müssen wir uns auch dem Täuschungsmittel des Verkleidens und Maskentragens widmen. Denn nur wer Masken zu erkennen vermag, kann auch das wahre Gesicht, das sich darunter verbirgt, sehen.

4 Maskerade

Was macht den Reiz eines Maskenballs aus?

Dass man anders aussieht?

Dass man schöner ist?

Wohl eher kaum. Das dürfte vielleicht bei einem Kostümball der Fall sein. Aber bei einem Maskenball geht es darum, dass wir nicht erkannt werden. Und dadurch wird es uns möglich, uns so zu verhalten, wie wir es nicht tun würden, wenn wir unser wahres Gesicht zeigen müssten.

Nun stellt sich die Frage, wo überall Masken getragen werden und wie.

Wir denken, dass nur auf Maskenbällen und an der Fastnacht, also beim Fasching Masken getragen werden. Das ist ein Irrtum.

Denn das Maskentragen kann auch sinnbildlich verstanden werden: Wir geben uns so, dass man unser wahres Gesicht nicht erkennen kann.

Und wenn sich heute sehr viel online abspielt, so müssen wir uns bewusst sein, dass uns die digitale Welt in jedem Fall eine Maske anlegt.

Und so erkennen wir mit der Zeit, dass der grösste Teil der Öffentlichkeit nichts anderes als ein riesiger Maskenball ist. Ein Maskenball, wo alle auf Äusserlichkeiten achten und mit einem

Schönheitsideal vergleichen, das man über manipulative Mittel wie Werbung, Medienwelt und High Society vorgegeben hat, um die Aufmerksamkeit der Massen auf das zu lenken, was Geld, Kontrolle oder Macht verspricht.

Aber verlassen wir diesen Maskenball und fragen wir uns, was sich denn hinter der Maske verbirgt:

Wer muss sich hinter einer Maske verstecken, und warum?

Wie und wovor schützt das Tragen einer Maske?

Was kann man mit einer Maske, was man ohne nicht kann?

Wahrscheinlich würden viele Leute auf diese Fragen antworten, dass sie sich mit einer Maske sicherer fühlen würden, und daher mehr sich selbst sein könnten, weil sie nicht immer Angst zu haben bräuchten, dass man sie wegen einer Eigenheit angreife oder auslache.

Nanu, wo sind wir denn!?

Wir fühlen uns sicherer, wenn wir uns verstecken?

Und wir fürchten uns davor, dass jemand uns als das erkennen könnte, was wir sind?

Wer so denkt und fühlt, der ist vereinnahmt von einer Lebensweise, die nur die Äusserlichkeit kennt. Und er lebt zudem im Irrglauben, dass eine Verkleidung ihm ermöglicht, sich selbst zu sein.

Ein solches Setting ist ein guter Garant dafür, dass Menschen ihr wahres Ich niemals zu erkennen vermögen. Und wer sich selbst nicht finden und erkennen kann, der wird immer Objekt bleiben.

Wir aber möchten doch Subjekt werden! Wir möchten doch so recht sein, wie wir sind. Ohne uns ständig verstecken zu müssen und Angst zu haben, dass man an uns einen Makel erkennt und diesen gegen uns ausspielt.

Wenn wir uns selbst werden wollen, dann erreichen wir das nur, indem wir selbstsicherer werden. Darum aber, wie wir unsere Selbstsicherheit aufbauen können, geht es in diesem Buch hier nicht. Das kann im Büchlein *«Erfolgreich leben Band 2: Selbstsicherheit aufbauen; Hinstehen und ohne Unsicherheit sich selbst sein dürfen»* nachgelesen werden.

Hier gehen wir einen anderen Weg, der uns ermöglicht, uns selbst zu erkennen und Sicherheit darauf aufzubauen. Wir tun dies, indem wir auf das abstützen, was sich in unserm Innern verborgen hält.

5 Wahrheit im Innen

Die Frage, der wir in diesem Kapitel nachgehen ist, für welche Arten innerer Schönheit wir Samen in uns tragen. Und wir wollen auch fragen, wie wir uns zu verhalten haben, damit wir diese Samen zum Keimen und zum Erblühen bringen können.

Denn die Schönheit wohnt uns allen inne. Erblühen kann sie aber nur, wenn wir uns entsprechend verhalten.

Es kann nur schön werden, wer gut zu sich, zu seinen eigenen Werten, zu seinen Haltungen und zu seinen Überzeugungen schaut.

Wir sind alle Adamssöhne und Evastöchter. Wir haben alle denselben Ursprung. Also erhalten wir auch alle das Erbe mit auf unseren Weg.

Aber so, wie Lessings Ring nur denjenigen vor Gott und den Menschen gefällig macht, der sich dem Ring würdig erweist, werden auch wir nur schön in den Augen anderer, wenn wir mit unserem mitgebrachten Erbe sorgsam umgehen.

Welche Blumen konkret erblühen, wenn wir unser Erbe hegen und pflegen, das erfahren wir im Kapitel acht dieses Buches.

Hier wollen wir nach dem Ursprung in unserem Innern forschen, der die Blumen überhaupt erst hervorbringt.

Seit jeher kennen die Menschen den Begriff «Tugend». Und wohl in etwa gleich lang verstehen die Menschen nicht das Gleiche unter diesem Begriff. Denn die einen, die empfinden das, was mit Tugend in Zusammenhang steht als moralisierend, einschränkend und unangenehm. Die anderen erfreuen sich an dem, was Tugend ermöglicht und hervorzubringen vermag.

Tugenden können nur positiv wirken, wenn man ihre Bedeutung erkannt und verstanden hat. Denn Tugenden können nicht auferlegt werden. Man kann ja eine Blume auch nicht dazu zwingen zu blühen und ihren Duft zu verströmen. Sie tut es, wenn es ihr gut geht und alles passt – wenn die Zeit reif ist.

Und so ist es auch mit den Tugenden: Wir können sie erst leben, wenn wir über genügend Erfahrung und Erkenntnis dazu verfügen. Genauer gesagt: Wir werden dann aus eigener Überzeugung tugendhaft, wenn wir unsere eigene Wahrheit gefunden haben. Es ist dies eine Wahrheit, die die anderen um uns herum würdigt und achtet. So, wie sie auch uns unsere Freiheiten und Möglichkeiten zugesteht. Aber eben: Damit wir tugendhaft leben können, darf unsere Wahrheit die goldene Regel des nicht Verletzens nicht brechen.

Es geht also um innere Wahrheit, wenn wir nach dem suchen wollen, was einen Menschen ausmacht. Wir müssen einen Weg finden, wie wir zu uns und zu allem andern ehrlich sein können. Und diesen Weg finden wir nur, wenn wir uns selbst so akzeptieren lernen, wie wir sind.

Es kann sein, dass wir uns selbst nicht mögen. Wie können wir dann dennoch ehrlich und anständig zu uns sein?

Wir meistern diese Herausforderung, indem wir unsere Nächsten würdigen und achten. Andere zu würdigen und zu achten ist nichts anderes als tugendhaftes Verhalten. Und wer sich andern gegenüber tugendhaft verhält, der bekommt etwas zurück. Es dürfte sich dabei ebenfalls um Würde, Respekt und Achtung handeln. Und dann, wenn wir genügend davon erhalten haben, wird es uns möglich, uns selbst zu lieben.

Liebe deinen Nächsten, wie dich selbst!

Ja, man muss viel lernen, erleben und erfahren, damit man sich so lieben kann, damit man auch die andern zu lieben vermag; auf, dass diese Liebe auf uns zurückfällt, und so der Kreis des Zusammenlebens in Frieden und Eintracht möglich wird.

Wenn wir unsere innere Wahrheit finden wollen, um aus ihr innere Schönheit herauswachsen zu lassen, dann schaffen wir das also nicht allein. Wir sind auf unsere Mitmenschen angewiesen. Nur durch sie können wir lernen, gefällig zu leben und dadurch innerlich schön zu werden.

Wahrheit im Innen führt zu Schönheit im Aussen.

Wenn dem so ist, dann ist Wahrheit der Ursprung aller echten Schönheit. Denn Wahrheit führt zu innerer Schönheit, die sich im Aussen abzuzeichnen vermag. Und genau diese Schönheit ist dann wirklich auch WAHRhaftig – weil sie wahr, ehrlich und aus Selbstlosigkeit entstanden ist.

Wir kennen dieses Phänomen aus Geschichten und Märchen: Wer andern hilft, aus Freude am Leben dem Leben zu dienen bereit ist, und sich dankbar zeigt für das, was ist, den macht *Frau Holle* zur *Goldmarie*. Wie man zur *Pechmarie* wird, dass wissen wir nur zu gut…

Trägt Goldmarie Lessings Ring?

Oft sind Fragen da, um stehengelassen zu werden. Denn in unserem Innern fühlen, oder besser gesagt, erahnen wir ja, welche Antwort passen könnte.

Manchmal muss man einfach seinen Weg gehen, damit man dann später erst das verstehen kann, wofür man die Antwort gesucht, aber noch nicht gefunden hat.

Darum gehen auch wir hier weiter. Wir verlassen die innere Wahrheit und wenden uns dem zu, was sie im Aussen hervorzubringen vermag, nämlich Schönheit im Aussen.

6 Schönheit im Aussen

Der Prinz sucht so lange nach seiner Prinzessin, bis er sie gefunden hat. Und er weist auf dieser Suche so manche falsche Braut zurück – weil er tief in seinem Herzen fühlt, welches die richtige für ihn ist.

Wer ist der Prinz? Und wer ist die Prinzessin?

Wenn wir den ersten Absatz dieses Kapitels sinnbildlich zu verstehen versuchen, dann sind wir sowohl Prinz als auch Prinzessin.

Der Prinz steht für den männlichen Anteil in unserem Wesen. Dieser wiederum beinhaltet unseren Verstand, unsere Logik, unser Durchsetzungsvermögen, unseren Willen und unser Wirken. Die Prinzessin hingegen symbolisiert den weiblichen, den empfangenden Teil in uns. Dieser steht für unsere Gefühle, unser Einfühlungsvermögen, unsere Fähigkeit zu lieben und für all das Zarte, Zerbrechliche, aber äusserst Kostbare, wofür die menschliche Sprache noch keine Begriffe gefunden hat.

Wenn wir schön werden wollen, wenn wir innere Schönheit im Aussen anstreben, dann gelingt uns das nur, wenn wir dem Prinzen in uns die Möglichkeit geben, so lange nach der Prinzessin in uns zu suchen, bis er mit Sicherheit sagen kann, dass es die wahre Auserwählte ist.

Was passiert, wenn der Prinz die richtige Prinzessin findet? Richtig! Er küsst sie!

Dann, wenn unser Verstand mit unseren Empfindungen eins wird, dann wenn unser Wille dank Einfühlungsvermögen Rücksicht zu nehmen gelernt hat, dann wenn der Prinz sich so verhält, dass auch die Prinzessin ja sagen kann, dann kommt es zu einer Vereinigung. Und diese Vereinigung führt zur Ganzheitlichkeit, nach der wir uns in unserem Leben so sehr sehnen. Es ist dies die Überzeugung und den Glauben, dass wir den Weg zurück nachhause finden können. Das macht uns glücklich und gibt allem einen Sinn. Und diese Ganzheit, die wir durch die Vereinigung der dualen Gegensätze dann in uns tragen dürfen, bringt das hervor, was vor Gott und den Menschen gefällig macht. Es ist der innere Friede, der uns selbstlos und tugendhaft handeln lässt, weil wir zu ringen und zu kämpfen aufhören dürften. Es ist die Ruhe, die mit uns einhergeht. Es sind Dankbarkeit und Wertschätzung, die wir ausstrahlen, weil wir glücklich sind, mit dem was ist, und mit dem, was uns gegeben ist. Kurzum: Wer mit sich selbst im Reinen ist, weil er seine inneren Unruhen ausgleichen konnte, der wird schön. Er wird vielleicht nicht oberflächlich schön. Aber er trägt eine innere Schönheit in sich, die im Aussen wirkt, weil sie so stark ausstrahlt.

Schönheit im Aussen wirkt nur dann überzeugend, wenn sie aus dem Innern hervorkommt. Das

Königspaar wirkt auch nur dann glücklich, wenn sich die richtigen Herzen gefunden haben.

Und wohl auch deshalb sehnt sich der Mann nach seiner Prinzessin, und die Frau sehnt sich nach seinem Prinzen. Aber das Hochzeitskleid kann noch so weiss sein: Nur wenn sich die Richtigen gefunden haben, entsteht das, was auf immer und ewig glücklich leben lässt. Basiert eine Beziehung nur auf Schein, dann erlischt nicht nur die Liebe mit der Zeit, sondern auch der Sinn.

Während unsere Gesellschaft traditionellerweise vorgibt, dass man nur einmal nach seinem Prinzen oder seiner Prinzessin suchen darf, sollten wir bei unserer inneren Suche immer wieder neu zu suchen beginnen. Wir tun dies nicht, damit wir jemand anderes finden, der besser ist. Wir tun es, damit wir unser Glück immer wieder neu finden dürfen. Und darum entwickeln wir auch unser höchstes Ideal immer wieder weiter; damit wir uns immer wieder neu des Lebens erfreuen können!

Schönheit im Aussen ist das Abbild unserer Schönheit im Innen. Können wir etwas tun, damit wir innerlich schön werden?

Ja, das können wir! Wie das gehen könnte, erfahren wir im nächsten Kapitel.

7 Wir sind, was wir denken

Für uns Menschen ist sehr vieles einfach gegeben. Und es scheint, als könnten wir nichts daran ändern.

Aber anstatt sich einfach so mit dieser Annahme zufrieden zu geben, könnte es sich dennoch lohnen, dieses Kapitel zu lesen.

Zwar kann das, was hier steht, nicht belegt werden. Man kann nur selbst austesten, ob dem so ist, was hier gesagt wird:

Ja, es mag sein, dass für uns Menschen sehr vieles gegeben ist. Aber etwas ist uns gegeben, was uns frei macht! Und dieses Etwas reicht aus, um damit alles andere verändern zu können. Es sind unsere Gedanken!

Die Gedanken sind frei…!

Wer positiv denkt, und dazu immer wieder die Kraft aufbringt, indem er positiv denkt, und dazu immer wieder die Kraft aufbringt, in dem er positiv denkt… der wird früher oder später Gesetzmässigkeiten überwinden, von denen alle anderen schon immer gesagt haben, dass sie unüberwindbar seien.

Positives Denken trägt die Kraft in sich, uns nicht nur denken, sondern früher oder später auch handeln zu lassen. Und wenn wir dann handeln, dann ist es nicht nur ein blosses, lustloses Tun, sondern ein überzeugtes und überlegtes Beginnen.

Wer positiv denkt, der erhält durch das Positive in seinen Gedanken die Kraft, sich mit Bestimmtheit durchzusetzen. Und Kraft zeugt ja bekanntlich von einem grossen Mass an Energie. Wer über viel Energie verfügt, der hat auch genug davon übrig, um nachzudenken. Wer nachtdenkt, der steigert dadurch seine mentale Kraft.

Aus positivem Denken wird also Mentalkraft, die unseren Willen nährt und unserer Intuition und somit auch unserer Inspiration den Weg ebnet.

Mentalkraft ist in etwa das Stärkste, worüber ein Mensch bewusst verfügen kann. Wenn er diese Kraft selbstlos zu nutzen lernt, dann wird sehr vieles möglich. Denn dann wirkt diese Kraft im Innen und im Aussen. Und weil die Wirkung dieser Kraft positiv auf andere Ausstrahlt, ebnet sie den gemeinsamen Zielen den Weg. Dann, wenn Menschen miteinander kooperieren, werden Dinge möglich, die eigentlich für uns irdischen Lebewesen unerreichbar sind…

Wir sind, was wir denken. Denken wir positiv, dann werden wir positiver. Denken wir zusammen mit anderen positiv, dann profitiert die ganze Gemeinschaft davon. So lassen sich religiöse Gemeinschaften, politische Parteien, Vereine und starke Familienbande erklären. Denn es geht um nichts mehr und um nichts weniger als um das

Grundprinzip der Gemeinschaft: *Einer für alle, alle für einen!*

Nun, auch eine Gemeinschaft muss ihr höchstes Ideal immer wieder weiterentwickeln. Das kann sie aber nicht. Sie kann nur dem Einzelnen folgen, der als gutes Beispiel vorangeht.

Darum braucht es uns dennoch als Individuum, und nicht nur als Teil der Gemeinschaft.

Aber die Gemeinschaft folgt nicht einem hässlichen, kleinen grauen Entlein. Die Gemeinschaft will einen stolzen weissen Schwan, der sie mit seiner Selbstsicherheit und seiner Anmut überzeugt.

Nur unser positives Denken kann uns vom Entlein zum Schwan werden lassen. Es gibt keinen anderen Weg.

Aber wir brauchen nicht wie der Schwan mit hoch erhobenem Kopf und hohlem Kreuz zu umherstolzieren. Es reicht, wenn wir über unser positives Denken und über tugendhaftes Verhalten innere Schönheit erlangen. Der ganze Rest ergibt sich von selbst. Und so, wie es sich ergibt, ist es auch gut.

Positives Denken führt zu Selbstsicherheit. Selbstloses Denken führt zu Akzeptanz. Beides zusammen macht erfolgreich. Aber der Mensch lebet eben nicht vom Erfolg allein. Wir Menschen suchen immer auch nach Liebe und Geborgenheit. Weil wir nur glücklich sein können, wenn unser Herz Wärme empfangen darf.

Und hier haben wir es nicht mehr mit den kühlen, silberglänzenden Gedanken zu tun. Nein, wir sehnen uns nach goldig leuchtenden, positiven Gefühlen.

Aber was tun, wenn wir traurig sind, und die guten Emotionen meilenweit entfernt scheinen?

Ganz einfach: positiv denken…!

8 Wir fühlen, wie wir denken

Ein Mensch wird gelenkt von seinen Gefühlen und Neigungen. Empfindet ein Mensch ein Hungergefühl, dann hat er Lust auf Essen. Empfindet ein Mensch Freude und Heiterkeit, dann ist im ums Feiern und Tanzen.

Kann es sein, dass Feiern und Tanzen in umgekehrter Weise zu Freude und Heiterkeit führen?

Wenn dem so wäre, dann bräuchte es nur ein Fest, wo getanzt und gefeiert werden kann, und schon würden die Menschen Freude und Heiterkeit empfinden.

Was aber, wenn kein Fest stattfindet?

Dann sollte man selbst eines organisieren!

Für ein Fest braucht es nicht viel: Eine zweite Person genügt bereits. Und wenn man dann miteinander teilt, was man hat – auch wenn es nur die Stimme zum Singen ist – dann kann Freude und Heiterkeit entstehen. Natürlich nur, solange man positiv über das denkt, was man da hat.

Geteilte Freude ist doppelte Freude! So wie *geteiltes Leid halbes Leid ist.*

Aber zwischen dem Doppelten und der Hälfte besteht mathematisch betrachtet doch ein grosser Unterschied: Denn 2 ist viermal 0.5. Darum sollten wir positiv denken und dadurch Freude anstreben, anstatt dass wir Trübsal blasen und dieses teilen.

Wer es schafft, den Willen aufbringen zu wollen, positiv zu denken, der schafft dies auch. Und wer diese Fähigkeit erworben hat, der kann sich immer und überall, wie der *Baron von Münchhausen*, an den eigenen Haaren aus dem Sumpf ziehen.

Nun, einen Vorbehalt müssen wir hier anbringen: Ganz allein schafft man es nicht. Aber über das positive Denken kann man sein eigenes Schwingungslevel erhöhen. Dies führt dazu, dass man hoch genug schwingt, um geistigen Beistand über Mitmenschen oder über die geistige Welt wahrnehmen zu können. Und dadurch, eben durch diese positive Energie in Form von geistigem Beistand, gelingt es einem dann, sich an den eigenen Haaren aus den Trübseligkeiten seines momentan schlechten emotionalen Zustandes herauszuheben.

Aber der Autor kann hier noch lange schreiben. Nützen tut es nichts. Denn nur wer es selbst austestet, wird es erfahren. Wer nicht ausprobiert, der bleibt in der Grube des Selbstmitleids unten sitzen und wartet, bis jemand kommen möge…

Wir wollen es anders halten! Wir gehen nach dem Motto: *Selbst ist die Frau, selbst ist der Mann!* Und wer will kann auch noch seinen Glauben zu Hilfe nehmen: *Hilf dir selbst, dann hilft dir Gott!*

Natürlich geht Letzteres nur für Leute, die an etwas glauben. Der Atheist schliesst sich da selbst aus…

Aber das ist seine Wahl. Auf jeden Fall lassen wir es hiermit bewenden: Wer glaubt, dass er fühlt, was er denkt, dem gelingt dies auch.

***

Da nun aber Gedanken positive Gefühle hervorrufen können sollen, entsteht daraus die Möglichkeit, dass wir so unser Innenleben positiv gestalten können. Dies dürfte dazu führen, dass nach und nach innere Schönheit entsteht. Und genau das ist es ja, was wir in diesem Buch anstreben.

Und darum wird in den nachfolgenden Unterkapitel eine Sammlung von positiven inneren Werten umschrieben, die ganz gut dazu beitragen könnten, dass unsere inneren Welten annehmlich und farbig werden.

8.1 Was allgemein innerlich schön macht

Bevor wir mit konkreten Begrifflichkeiten starten, wolle wir in allgemeiner Art und Weise zu definieren versuchen, was denn zu unserer inneren Schönheit beitragen helfen kann.

Dabei können wir uns kurzhalten, denn es gelten dafür die Kriterien, die schon immer in allen Kulturen

33

und allen Religionen zum Wohlbefinden der Menschen und der Gemeinschaft beigetragen haben:

Zu innerer Schönheit führt, was sich für uns gut und richtig anfühlt, was die Würde, die Freiheiten und die Rechte anderer nicht verletzt, und was uns weiterbringt.

Nein, Profit müssen diese Dinge nicht abwerfen. Denn materielle Fülle stellt sich von selbst ein, sobald innere Schönheit auf den Plan tritt. Das eine bedingt das andere. Das andere führt zum einen.

Kommen wir nun also zu den konkreten Begrifflichkeiten, die wir mit Inhalten und Verständnis aufzufüllen versuchen, auf dass wir daraus Nektar und Ambrosia trinken können:

8.2 Zufriedenheit

Zufriedenheit ist unsere ständige Wahl, wie wir uns zu dem positionieren, was wir in unserem Leben antreffen. Damit ist nicht gemeint, dass wir uns in alles hineinschicken, weil es sich so gehört, und wir keine andere Wahl haben. Denn sich zu fügen, zu gehorchen und alles als gegeben anzunehmen, hat nichts mit Zufriedenheit zu tun, sondern vielmehr mit dem Erbringen von Opfern. Nur was uns dem inneren Frieden näherbringt, kann uns Zufriedenheit fühlen lassen.

Aber es gibt in unserem Leben ja viele Dinge, die wir antreffen, die von uns nicht ein Opfer verlangen. Vieles ist einfach mal so, wie es ist.

Wir wohnen zum Beispiel an einem bestimmten Ort. Und wir können entweder zufrieden damit sein oder unzufrieden. Wohnen tun wir genau am gleichen Ort, ganz egal, ob wir zufrieden sind oder nicht.

Wenn wir zufrieden sind, dann ist das Glas halbvoll. Sind wir unzufrieden, ist das Glas halbleer. Der Unterschied der beiden Sichtweisen ist, dass wir beim halbvollen Glas glücklicher erscheinen als beim halbleeren. Und wer glücklicher ist, der kann nicht nur mehr ausstrahlen, sondern er trägt auch mehr Bereitschaft in sich, das mit andern zu teilen, was er hat.

Wie kommt jetzt aber der Unterschied zwischen einer positiven Sichtweise in Bezug auf eine gegebene Sache und einer negativen Betrachtungsweise zustande?

Die findige Leserin, der findige Leser erahnt es bereits: Natürlich, über unser Denken!

Um dies genauer zu veranschaulichen hier eine Möglichkeit, wie wir über positives Denken Zufriedenheit über eine gegebene Sache erreichen können. Beziehen wir uns dabei wieder auf den Ort, wo wir wohnen:

Es gibt zwei Arten, wie wir etwas betrachten können. Wir können etwas bewusst, also mental kontrolliert betrachten. Oder aber, wir können etwas so annehmen, wie es auf emotionaler Ebene auf uns wirkt.

Wenn wir uns auf der unkontrollierten emotionalen Ebene bewegen, dann haben wir keinen Einfluss darauf, wie die Wirkung einer Sache auf uns ist. Wir haben dann einfach Glück oder Pech. Und je nach unserer Stimmungslage haben wir immer nur Pech.

Wenn wir aber auf der bewussten Ebene eine Sache rational, also mental kontrolliert betrachten, dann können wir unseren Weg bestimmen, den wir dabei gehen. Wir können zum Beispiel eine Gegenüberstellung der Vorteile und Nachteile machen. Und dann ist es unsere Entscheidung, ob wir uns über die Vorteile freuen, oder ob wir uns über die Nachteile ärgern wollen.

Wenn das mit den Vor- und Nachteilen nicht ausreicht, dann können wir uns auch noch bewusst auf mentaler Ebene vorstellen, wie es auch sein könnte. Und da wir in einem Land leben, wo es den Menschen im Vergleich zu vielen andern Regionen auf der Welt verhältnismässig gut geht, dürfte es uns nicht schwerfallen, über den Vergleich schätzen zu lernen, was wir haben. Denn es könnte auch noch viel schlimmer sein…!

Indem wir die Vorteile gewichten und nicht rumnörgeln, sondern wertschätzen was uns gegeben ist, nehmen wir über diese innere Positionierung eine Haltung ein, die das Zufriedensein überhaupt erst ermöglicht. Und es kann so eine Zufriedenheit entstehen, die von uns aus geht, die also nicht von jemand anderem abhängig ist.

Wenn wir innere Schönheit erlangen wollen, dann braucht es dazu Zufriedenheit. Diese Zufriedenheit soll unsere eigene sein. Und wir erreichen dies, indem wir positiv über die Dinge denken, die wir antreffen. Und weil wir es so angehen, kann um uns herum passieren was will – wir behalten immer noch die Kontrolle über unsere Zufriedenheit.

Wenn wir aber unsere Zufriedenheit von äusseren Umständen abhängig machen, dann werden wir selbst davon abhängig. Denn wenn kein Fest ansteht, dann müssen wir hilflos darauf waren, dass jemand eines gibt. Und bis dahin sind wir mieslaunisch und unglücklich.

Also: Zufriedenheit kann gewählt werden, wenn man sie bewusst sucht und zu finden bereit ist. Wenn man dies tut, dann kommt sie aus unserem Innern heraus. Wenn man auf Einflüsse von aussen wartet, damit man zufrieden sein kann, dann ist auch die Zufriedenheit äusserlich. Und sie verhält sich dann wie eine Laune, die kommt und geht.

Wir können nur schön wirken, wenn unsere Zufriedenheit beständig ist. Und darum sollten wir auf Dinge setzen, die langlebig sind, im Idealfall sogar ewig währen. Denn alles andere, besonders das Materielle, kann uns genommen werden, und damit auch unsere Zufriedenheit. Und solange man dies kann, sind wir abhängig. Abhängige sind nicht zufrieden. Und darum wirken Abhängige auch nicht frei. Denn Zufriedenheit geht mit Freiheit, Unabhängigkeit und Eigenständigkeit einher. Das alles kann nur erreichen, wer unabhängig ist.

Aber Zufriedenheit hat eben auch noch eine Zwillingsschwester, die sehr ähnlich tickt und wirkt, wie die Zufriedenheit. Es ist die Dankbarkeit. Und mit dieser setzen wir unseren Weg zur inneren Schönheit fort.

8.3 Dankbarkeit

Wenn Zufriedenheit eine ständige Wahl darstellt, dann stellt Dankbarkeit eine immer wiederkehrende Entscheidung dar.

Denn wir entscheiden, ob wir danke sagen wollen, oder ob wir es nicht für nötig halten.

Wer innere Schönheit erreichen will, der erreicht diese niemals, wenn er die Dinge, ja, seine ganze Welt als selbstverständlich betrachtet. Denn das ist sie nicht!

Jeder Marienkäfer, jeder Tautropfen, jedes Kinderlachen und jeder Krümel Brot ist etwas Besonderes. Und diese Dinge erkennen, bewundern und geniessen zu dürfen, ist ein Geschenk!

Wer diese innere Haltung einnimmt, der erschafft sich dadurch die Grundlage, alles wertschätzen zu können, was er in seinem Leben antrifft. Wer wertschätzt, der schätzt einer Sache Wert zu. Und so wird alles auf einen Schlag viel kostbarer.

Wenn wir etwas Kostbares erhalten, dann gehört es sich, dass wir dafür danke sagen. Tun wir es nicht, dann gelten wir nicht nur als verwöhnt, hochnäsig und eingebildet. Nein, was viel schlimmer ist, ist die Wirkung des unterlassenen Dankes in uns selbst. Denn wenn wir nicht danken, dann ebenen wir damit der Selbstverständlichkeit den Weg. Und dann, wenn alles in uns und um uns herum selbstverständlich geworden ist, dann braucht es sehr viel, damit wir uns noch erfreuen können. Wer nichts mehr finden kann, um sich daran erfreuen zu können, der hat es schwer, jemals noch zufrieden und glücklich zu sein. Und somit wäre es dann auch aus mit der inneren Schönheit.

Darum wollen wir das Gegenteil tun: Indem wir auch für die selbstverständlichen kleinen Dinge danken, bauen wir eine Haltung der Wertschätzung und Dankbarkeit auf, die uns hilft, nicht nur zufrieden zu sein, sondern auch noch das zu würdigen, was da ist.

Wer würdigt, der kriegt unermesslich viel zurück. Denn würdigen ist ein selbstloses Geben. Und wer selbstlos gibt, der lebt in Fülle, weil er bedingungslos zurückerhält.

Wir sollten daher für alles danke sagen. *Denn wer danke sagt, der hat mehr vom Leben.*

Aber wir wollen hier nicht zu lang werden. Wer gerne noch mehr über Dankbarkeit erfahren möchte, der kann dies mit der Lektüre des Büchleins *«Erfolgreich leben Band 12: Dankbarkeit; Warum Dankbarkeit die Grundlage für ein glückliches Leben ist»*, tun.

Hier hingegen gehen wir einen weiteren Schritt auf unsere innere Schönheit zu. Wir tun dies, indem wir kurz das Thema eines weiteren Büchleins aus der Serie *Erfolgreich durchs Leben* angehen. Es geht um Selbstsicherheit. Und das Büchlein dazu trägt den Titel: *«Erfolgreich leben Band 2: Selbstsicherheit aufbauen; Hinstehen und ohne Unsicherheit sich selbst sein dürfen».*

8.4 Selbstsicherheit

Der *aufrechte Mensch* steht da in einer geraden Linie vom Scheitel bis hinab zur Fusssohle. Er hält seine Wirbelsäule gerade, weil er weder Kummer noch Last tragen muss.

Selbstsicherheit ist dringend von Nöten, wenn wir aufrichtig durchs Leben gehen wollen. Denn der Unsichere bekommt von der Gesellschaft und seinen Mitmenschen ständig Bürden aufgeladen, an denen er so schwer trägt, dass er daran zerbrechen kann.

Das Einzige, was uns vor Missbrauch, Selbstzerfleischung und Manipulation schützen kann, ist unser Selbstwert. Diesen können wir aber nur erkennen, wenn wir sicher sind, dass wir so recht sind, wie wir eben sind.

Und wir sind recht so, wie wir sind. Denn sonst hätten wir nicht das Recht erhalten zu leben! Und wir hätten auch nicht unsere Würde erhalten, die jedem Lebewesen zugestanden wird, das das Licht der Welt erblickt.

Natürlich können wir uns immer weiterentwickeln und besser werden. Natürlich machen wir Fehler, und dürfen daraus lernen. Aber es gibt nichts, was andern das Recht geben würde, uns unseren Selbstwert und unsere Würde abzusprechen.

Je mehr wir uns wertschätzen, und je würdiger wir uns erweisen, je selbstsicherer werden wir.

Wenn wir innere Schönheit zu erlangen wünschen, dann müssen wir selbst es uns Wert sein, dass wir innere Schönheit verdient haben. Und um dies zu erreichen, müssen wir damit anfangen, unsere

Eigenheiten zuerst akzeptieren, und mit der Zeit lieben zu lernen.

Allerdings stellt sich uns dabei das Problem, dass nicht nur wir unsicher sind. Auch alle anderen sind unsicher. Und indem der Mensch seine Mitmenschen verunsichert, glaubt er, für sich selbst mehr Sicherheit erlangen zu können.

Wenn wir tief in uns hineinfühlen, dann dürfen wir erkennen, dass uns etwas innewohnt, was niemals über äussere Verunsicherung diffamiert werden kann. Und diese Tatsache sollte uns die Kraft geben können, uns selbst lieben zu lernen, selbst wenn andere um uns herum ständig versuchen, uns davon abzuhalten.

Wer sich selbst lieben lernt, der erlangt dadurch immer mehr Bestätigung, dass er sich in seiner Selbstachtung nicht getäuscht hat. Diese beständige Bestätigung führt zu Sicherheit. Und weil es unsere Sicherheit über uns selbst ist, nennen wir sie Selbstsicherheit.

Selbstsicherheit führt zu innerer Schönheit, weil sie uns den Freiraum verschafft, den wir brauchen, um unsere eigene Wahrheit und damit unsere Freiheit zu finden. Der Adler wirkt nur unantastbar, wenn er frei am Himmel fliegt. In Gefangenschaft gibt er ein bedauernswertes Bild ab.

Aber da der Selbstsicherheit eben immer auch die Gefahr der Überheblichkeit innewohnt, sollten wir nebst ihr auch einen anderen inneren Wert anstreben und entwickeln, damit uns unsere Selbstsicherheit über gerechtfertigte Vorwürfe in Bezug auf unsere Überheblichkeit nicht wieder genommen werden kann. Und darum lernen wir im nächsten Unterkapitel die Bescheidenheit etwas genauer kennen.

8.5 Bescheidenheit

Immer dann, wenn etwas aus der Masse hervortritt und zu scheinen beginnt, wird ihm eine Macht zuteil. Es ist dies die Möglichkeit, andere anzuleiten und anzuführen.

Würde dies in selbstloser und achtsamer Weise getan, dann wäre das gar nicht mal so schlimm.

Aber Macht führt sehr schnell zur Möglichkeit, sich Reichtum und Selbstvorteile zu beschaffen. Und dieser Versuchung erliegen die meisten derer, die aus der Masse heraustreten.

Wenn wir innere Schönheit aufbauen, die auch im Aussen wirkt, dann treten auch wir aus der Masse heraus. Und mit unserer inneren Schönheit geht eben auch eine innere Überzeugung einher, die uns Mut und Kraft verleiht. Also sind auch wir der ständigen Versuchung unterworfen, anderen gegenüber, einen

Vorteil aus dem zu ziehen, was wir uns erarbeitet haben.

Und da es um uns herum überall Neid, Gier und Eifersucht gibt, wird man alles versuchen, um einen Makel an uns zu finden, auf dass man uns damit verunglimpfen und zu Fall bringen kann. Denn die Krabben in ihren finsteren Löchern mögen keine farbigen Schmetterlinge, die leicht und lustig am blauen Himmel herumfliegen.

Darum brauchen wir den Schutz der Bescheidenheit. Dieser Schutz wirkt am stärksten, wenn er aus wahrer, innerer Bescheidenheit erwächst.

Wie wahre Bescheidenheit zustande kommt? Natürlich über Demut.

Wer sich immer bewusst ist, dass er selbst zwar unermesslich gross ist, weil er den göttlichen Funken in sich trägt, dass er aber gleichzeitig unsagbar klein ist, weil er ständig Gefahr läuft sich zu irren, der erkennt, dass er eine Führung braucht, die nicht irdischer Natur ist. Und diese Erkenntnis macht demütig und dankbar. Die Demut lässt zu, dass wir eine führende und schützende Hand über uns anerkennen. Die Dankbarkeit ermöglicht uns gleichzeitig, diese schützende Hand über uns wirken zu lassen. Mehr braucht es nicht. Die Bescheidenheit stellt sich von selbst ein, sobald wir unsere Erfahrungen gemacht haben. Denn zu fallen und auf

dem harten Boden der Realität aufzuschlagen tut
weh…

8.6 Freundlichkeit

Was nützt uns innere Schönheit, selbst wenn sie im
Aussen ausstrahlt, wenn wir sie für uns behalten und
nicht teilen?

Was wäre, wenn sich all die Schönheiten des Lebens
uns nicht offenbaren würden?

Wenn unsere Welt schön sein soll, dann müssen wir
unseren Teil dazu beitragen. Denn dazu sind wir hier.

Wir tun dies am besten und am einfachsten, indem
wir freundlich zu allen Lebewesen sind.

Indem wir freundlich sind, machen wir die andern zu
unseren Freunden. Wir lassen ihnen selbstlos Energie
über Achtung und Würde zukommen. Wir gewähren
ihnen einen zinslosen Kredit in Form von Energie,
auf dass sie sich damit Selbstsicherheit aufbauen
können. Und wir helfen ihnen über unsere
Freundlichkeit, Dankbarkeit und Zufriedenheit zu
entwickeln, auf dass sie selbst eine innere Haltung
aufbauen können, die ihnen das Weitergeben guter
Werte ermöglicht.

Freundlichkeit ist unser Lachen an die Menschheit.
Und wenn sie wirklich selbstlos ist, das heisst, wenn
sie nicht zurückverlangt, dann wird sie zu unserem

inneren Schmuck. Es handelt sich bei Freundlichkeit um ein sehr kostbares Geschmeide, das uns niemand stehlen kann. Nur wir selbst können ihr durch Geringachtung und Vernachlässigung ihren Glanz rauben.

Aber das tun wir nicht, weil wir unsere Würde und die unserer Mitmenschen nicht beschneiden wollen. Wir wollen die Würde nicht verletzen, weil wir selbst nur zu gut wissen, wie sehr es schmerzt, wenn man unwürdig behandelt wird. Und weil wir das wissen, und weil uns die anderen nicht egal sind, können wir uns in sie hineinfühlen und uns vorstellen, dass auch für sie der Schmerz gross ist, wenn ihre Würde verletzt wird.

Das, was sich dadurch entwickelt, führt auch in grossem Masse zu innerer Schönheit. Es ist das Einfühlungsvermögen.

8.7 Einfühlungsvermögen

Die goldene Regel besagt, *dass wir nichts tun sollen, was wir selbst nicht wollen, dass es uns angetan wird.*

Die goldene Regel, so wie sie oben steht, ist nur eine Ansammlung leerer Worte für denjenigen, der über kein Einfühlungsvermögen verfügt.

Wir können also noch lange Nächstenliebe predigen und mit gutem Beispiel vorangehen; solange wir mit

Leuten zu tun haben, die in ihrer Orientierung bisher nur sich selbst kennengelernt haben, nützt alles nichts. Denn Worte lehren nicht.

Die Frage lautet darum, wie Einfühlungsvermögen entstehen kann.

Und die Antwort darauf ist einfach: Indem man immer wieder den Willen aufbringt, *den Standpunkt der andern in Erwägung zu ziehen. Indem man in die Haut der andern hineinschlüpft und darin umhergeht.*

Diesen essentiellen Ratschlag, um andere Menschen besser verstehen zu können, gibt *Atticus Finch* seiner Tochter *Scout* in *Harper Lees* Roman *«Wer die Nachtigall stört».*

Wer Atticus Finch über diesen Roman kennengelernt hat, der weiss, dass man sich auf seine Ratschläge verlassen darf…

Aber in Bezug auf die Entwicklung unseres Einfühlungsvermögens sollten wir dennoch mitnehmen, dass sich dieses nur entwickeln kann, wenn wir dies wollen. Nur wer immer wieder die Anstrengung auf sich nimmt, ergründen zu versuchen, wie etwas wohl auf unser Gegenüber wirken könnte, der wird die Freuden und Traurigkeiten seiner Mitmenschen verstehen lernen. Und was daraus wird, das erkennen wir erst nach und nach. Aber es ist etwas sehr Grosses! Es ist die

Möglichkeit, die Welt nicht nur mit unseren Augen sehen und erfahren zu dürfen, sondern sie auch über die Augen unserer Mitmenschen ergründen zu können. Und indem wir nicht mehr nur über einen Blickwinkel, sondern über viele Sichtweisen verfügen, wird unsere Welt vielseitig, facettenreich und farbig.

Und wenn wir dann immer mehr erkennen, wie schön das ist, worin wir leben dürfen, sollte es uns nicht mehr schwerfallen, darauf unsere Wertschätzung aufzubauen.

8.8 Wertschätzung

Wer den Wert in der Sache und im Leben erkannt hat, der vergeudet nicht mehr. Er empfindet auch Abscheu vor Schändung, Missbrauch, Unwahrheit und Geringachtung. Denn all diese Dinge setzen den Wert von dem, was da ist, herab. Die Dinge verlieren an Wert, weil ihnen über unlautere Machenschaften ihre Würde genommen wird.

Wertschätzung tut das Gegenteil. Indem sie insbesondere die inneren Werte wertschätzt, macht sie alles laufend kostbarer.

Wenn alles um uns herum über unsere Wertschätzung ständig kostbarer wird, dann dürfen wir an uns selbst erfahren, in welchem Reichtum wir leben dürfen. Und gleichzeitig dürstet uns nicht mehr nach Ruhm und Macht. Denn diese würden über ihre Wirkung all die Kostbarkeiten ihres Wertes wieder berauben.

Wer wahre Schönheit zu wertschätzen beginnt, der lässt immer mehr von der Illusion falscher Schönheit ab. Er entlarvt all das, was wir irrtümlich zu dem Unseren gemacht haben, weil wir es als kostbar gehalten haben. Aber wer die Reinheit und Unberührbarkeit in den wahren Dingen erkennen gelernt hat, der stellt fest, wie viele Götzen uns täglich feilgehalten werden, auf dass wir ihnen und ihrer falschen Schönheit huldigen, anstatt dass wir auf uns und unsere innere Schönheit setzen würden.

Darum ist es wichtig, dass wir Reinheit als etwas erachten, was uns sehen und erkennen hilft. Reinheit wirkt wie ein Röntgenblick, der durch Maskeraden und Illusionen hindurchsehen erlaubt.

8.9 Reinheit

Je reiner ein Bergkristall, je klarer ist er. Und je klarer etwas ist, je besser können positive Energien hindurchfliessen.

Das trifft auch auf uns zu. Reinheit hilft uns, positive Energien aufnehmen zu können und sie zu nutzen.

Aber leider unterliegen wir einer ständigen Beeinflussung von innen und aussen, die uns zwar mit uns selbst und dem, was ist, interagieren lässt.

Aber gleichzeitig nehmen wir durch diese Beeinflussung auch ständig negativ wirkende Energien auf. Negative Gefühle und Gedanken setzen sich in unserer Aura fest und in unseren Energiezentren. Und dies führt dazu, dass kleine Unstimmigkeiten mit der Zeit zu grossen Sorgen und Ängsten heranwachsen können, weil wir durch sie und all die anderen negativen Einflüsse an Reinheit verlieren und somit nicht mehr von den positiven Energien um uns herum profitieren können.

Reinheit führt dazu, dass etwas energetisch fein ist und entsprechend hoch schwingen kann. Verunreinigung hingegen lässt uns in unserem Schwingungslevel immer mehr absinken, bis wir am Grund angekommen sind und Mühe bekunden, uns in dem abgesetzten Schlamm und all den negativ wirkenden anderen tiefschwingenden Einflüssen noch wertschätzen und lieben zu können.

Darum ist es gut für uns, wenn wir unserer inneren Reinheit Bedeutung und Wert beimessen. Und wir tun dies, indem wir Orte und Menschen, die negativ auf uns wirken, meiden.

Dies sollte nicht eine besonders grosse Herausforderung darstellen. Das Einzige, was wir zu tun brauchen ist, unsere Gewohnheiten abzulegen und Orte und Menschen aufzusuchen, die positiv auf uns wirken.

Und indem wir das tun, werden wir immer mehr feststellen dürfen, dass es auch noch eine andere Wahrheit gibt als diejenige, die wir bisher aufgrund unserer Erfahrungen gekannt haben.

Wahrheit ist wandelbar. Aber sie ist auch noch viel mehr. Und eine fundierte, persönliche Wahrheit führt nicht nur retrospektiv zu Reinheit, sondern auch zu innerer Schönheit.

8.10 Wahrheit

Wahrheit ist ein Begriff, den Menschen definiert haben. Sie haben ihn erschaffen, weil es nebst der Wahrheit auch noch eine Illusion, oder vielleicht besser gesagt eine Unwahrheit gibt.

Von der Schöpfung her gesehen ist alles wahr. Pflanzen und Tiere lügen nicht. Auch Steine, die Luft, das Wasser und das Feuer machen uns nichts vor. Alles, was gegeben ist, wirkt auch so, wie es ist.

Jedoch hat der Mensch über seine Gefühle und Gedanken die Möglichkeit, die Dinge anders wahrzunehmen, als sie sind. Denn indem wir entscheiden, dass wir etwas zum Beispiel als positiv oder negativ wahrhaben wollen, verfälschen wir durch unsere Präferenzen das, was gegeben ist.

Wer selbstlos ist, wer all seine Wünsche und Neigungen ablegen konnte, der erschafft sich dadurch nach und nach wieder die Möglichkeit, die Dinge so erkennen und wahrnehmen zu können, wie sie wirklich sind.

Wer aber seinen Selbstvorteil sucht und dabei mit seiner Umwelt so interagiert, dass diese die Formen und Tönungen annimmt, die ihm belieben, der verformt die Welt zu einer persönlichen subjektiven Welt.

Und weil es dem Menschen zu Lebzeiten kaum jemals möglich ist, sein Selbst vollumfänglich abzulegen, kann jeder von uns sich der Wahrheit nur annähern, sie aber niemals ganz für sich beanspruchen. Denn ein kleiner subjektiver Teil bleibt immer in uns bestehen, damit wir uns selbst nicht verlieren. Wir haben die Aufgabe, als Individuum unser Erdenleben in dieser Welt zu leben. Und darum können wir unsere Einzigartigkeit nicht zugunsten einer allesumfassenden, absoluten Wahrheit aufgeben.

Was wir aber können ist, uns einer persönlichen Wahrheit annähern, indem wir unseren Selbstvorteil immer mehr aufzugeben versuchen. Natürlich bleibt unsere Wahrheit immer noch unsere eigene Wahrheit, und das gibt uns nicht die Möglichkeit, Gerechtigkeit daraus abzuleiten. Aber wer sich seiner persönlichen Wahrheit annähert, der geht dadurch den Weg in Richtung innerer Schönheit. Denn was sich der absoluten Wahrheit der Schöpfung annähert, das verletzt und missbraucht nur noch wenig. Und so fühlen sich andere um uns herum wohler. Sie fühlen sich wohler, weil unsere Wahrheit hoch schwingt und positiv auf sie einwirkt. Und so dürfen wir lernen, dass innere Schönheit eben auf vielerlei Ebenen wirkt und ausstrahlt. Das macht sie derart wirksam. Innere Schönheit ist nicht in erster Linie sichtbar. Sie ist in erster Linie wahrnehmbar. Und weil die wenigsten Menschen um die Wirkung der Energien auf uns wissen, wirkt innere Schönheit geheimnisvoll, und kann auch verängstigen. Hier ist wohl ein Grund für den übertriebenen Hexenwahn zu finden: Jemand fühlt sich in der Nähe von jemandem wohl, den er aus gesellschaftlichen oder religiösen Gründen meiden sollte. Und weil er nicht erkennen kann, warum er sich so wohl fühlt, glaubt er, dass er «verzaubert» worden sei. Und so neigt der Mensch immer wieder dazu, das, was positiv auf ihn wirkt, was er aber nicht versteht, zu zerstören. Und erst, wenn es zerstört ist, erkennt er, was er getan hat.

Es gibt viele Menschen, die immer wieder unbewusst den Drang verspüren, innere Schönheit zerstören zu wollen. Und sie wissen gar nicht so recht, warum sie so handeln. Das ist tragisch. Aber es lässt sich nicht ändern.

Wir nehmen für uns mit, dass wir manche Menschen über unsere innere Schönheit zu beglücken und erfreuen vermögen. Dass wir andere aber verunsichern und ängstigen, und daher ihre unkontrollierten Reaktionen ertragen müssen.

Der würdige Mensch darf die Schönheit auf Erden geniessen und wertschätzen. Der lernende Mensch zerstört sie; damit er über die Leere, die daraus entsteht, lernen darf.

Denn wie lieb einem die Dinge waren, erkennt man oft erst dann, wenn sie nicht mehr da sind...

8.11 Ehrlichkeit und Redlichkeit

Innere Schönheit verschwindet auf einen Schlag, wenn wir die Wahrheit missachten. Sie verschwindet auch, wenn wir die Würde anderer verletzen.

Innere Schönheit ist also ein sehr sensibles Pflänzlein, das nur wachsen kann, wenn wir uns über eine tugendhafte Lebensführung gut darum kümmern.

Selbst wenn wir tugendhaft leben wollen, so treffen wir auf unserem Weg immer wieder auf Verführung und Manipulation. Wenn wir uns in den jeweiligen Situationen führ Ehrlichkeit und/oder Redlichkeit entscheiden, dann werden wir dadurch zwar häufig unseren Selbstvorteil verlieren. Dafür bewahren wir uns dadurch unsere innere Schönheit.

Was ist uns wichtiger?

Wenn sich der Kassierer beim Einkassieren verrechnet und uns darum zu wenig in Rechnung stellt, dann können wir uns zu unseren oder zu seinen Gunsten entscheiden. Entscheiden wir uns zu unseren Gunsten, dann haben wir uns einen kleinen materiellen Vorteil in Form von einem gesparten Geldbetrag ergaunert. Wenn wir uns zugunsten des Kassierers entscheiden, dann haben wir vorerst gar nichts. Aber der Kassierer wird sich unsere Ehrlichkeit und unsere Redlichkeit zu Herzen nehmen. Es verändert ihn.

Und wir? Wir haben uns in erster Linie nicht geschadet! Wir haben unsere innere Schönheit bewahrt. Denn wenn der Kassierer im Nachhinein feststellt, dass er sich verrechnet hat, und dass wir nichts gesagt haben, dann gibt er uns die Schuld für seinen Fehler. Und dies zurecht! Denn wir haben etwas gekauft oder konsumiert, und entsprechend haben wir für diese Ware oder Leistung zu bezahlen. Tun wir es nicht von uns aus, so sind wir ein Betrüger.

Etwas nicht zu tun, nur weil man es kann, kommt einem Machtmissbrauch gleich. Etwas zu tun, weil die Regeln des ehrbaren Zusammenlebens darauf abstellen, sollte hingeben normal für uns sein.

Wer Normalitäten nicht berücksichtigt und sogar willentlich verletzt, der ist durchtrieben, listig und eigensüchtig. Diese Attribute machen nicht schön, sondern hässlich.

Und weil negative Machenschaften immer an der inneren Schönheit nagen, und weil die innere Schönheit auf unser Äusseres ausstrahlt und wirkt, kann es sein, dass sich sowohl positive wie auch negative Verhaltens- und Denkgewohnheiten nach und nach im Aussen widerspiegeln.

Sieht man einem Mann an, dass er geizig, gierig oder rachsüchtig ist?

Sieht man einer Frau an, dass sie hinterlistig ist, herumtratscht und schlecht über andere denkt und redet?

9 Der Körper als Spiegel

Ja, wir verlassen hier die wissenschaftliche Herangehensweise. Aber wir tun es nur, weil wir keine empirischen Beweise dafür liefern können, was wir hier andenken. Und das ist auch gut so. Denn jede und jeder muss für sich entscheiden, ob das, was hier geschrieben steht, plausibel wirkt oder nicht:

Angenommen, jemand geht mieslaunisch und missgünstig durch sein Leben. Er missgönnt allen um ihn herum das, was sie haben. Und er sieht überall nur das Schlechte. Erstaunt es da, dass er davon krank werden könnte? Und welche Arten von Krankheiten sind es, die einen solchen Menschen befallen könnten?

Angenommen, jemand ist sehr ängstlich. Er sieht überall Gefahr, fürchtet sich vor Unfällen und erwartet ständig den Tod. Lebt so jemand in Fülle? Ist er gesund und munter? Wie funktionieren sein Herz und sein Kreislauf?

Angenommen, jemand lügt und betrügt, wo er nur kann. Er führt andere hinters Licht, nimmt sie aus und erfreut sich auch noch an seinen Machenschaften. Ausserdem macht er allen etwas vor und beschönigt alles, was er tut. Führt ein solches Verhalten zu einem aufrechten Gang? Könnten Rückenschmerzen damit zusammenhängen? Was ist mit den Hüften, den Knien und dem Hals?

Wir könnten weitere typische Verhaltensweisen hinterfragen. Aber es bringt nichts. Denn niemand verhält sich genau nach einem Muster. Und somit reagiert der Körper der Menschen niemals gleich auf Dinge, die sich im Innern abspielen.

Wir werden diese Thematik niemals wissenschaftlich zu ergründen vermögen. Aber sie deshalb zu ignorieren, wäre wohl auch nicht der richtige Weg.

Wenn wir uns als ganzheitliches Lebewesen erkennen und verstehen lernen wollen, so kommen wir nicht darum herum, uns einzugestehen, dass unsere Werte, Haltungen und Verhaltensweisen auf unser ganzes Daseinssystem einwirken.

Und dies wird hier nicht erwähnt, um Angst zu schüren oder Vorwürfe zu machen. Es ist als Hilfestellung gemeint. Denn wenn wir an Schmerzen, Gebrechen oder Krankheiten leiden, dann könnte es doch sehr gut sein, dass diese irgendwo ihre Ursache haben. Und wenn wir unsere Schmerzen loswerden können, indem wir nach diesen Ursachen forschen, und wenn wir dadurch gleichzeitig innere Schönheit aufbauen können, warum sollten wir es denn nicht tun?

Unser physischer Körper wirkt für uns wie ein Spiegel. Er signalisiert uns über Unwohlsein, über Schmerzen oder über unschöne äussere Erscheinungsformen, dass in unserem Innenleben etwas nicht stimmt. Und wenn etwas nicht stimmt, so wird das ganze System in Mitleidenschaft gezogen.

Warum sollten wir diese Unstimmigkeit nicht angehen? Weil wir uns eingestehen müssten, dass wir uns in uns selbst geirrt haben? Oder weil uns ein Stein aus der Krone fallen könnte?

Wer chronische Leiden nicht anzugehen versucht, indem er seine inneren Welten überdenkt, der wird immer mehr leiden. Und wer dann immer noch nicht reagiert, der handelt so, weil er seinem eigenen Ego durch und durch hörig ist.

Und in solchen Fällen frohlockt das Ego! Denn es bringt den Menschen, dem es innewohnt zu dem, was dem Ego Allmacht zu versprechen scheint: zum Tod. Aber das Ego sägt sich damit den Ast ab, auf dem es sitzt. Und wir sterben und haben unsere Lektion nicht gelernt.

Darum sollten wir unseren Körper in Ehre halten und gut für ihn sorgen. Wir sollten ihn ernst nehmen, wenn er uns über Unstimmigkeiten Zeichen gibt. Denn wir können an unseren inneren Welten arbeiten. Denn unsere inneren Welten stellen auf energetische Gesetzmässigkeiten ab. Und es ist viel einfacher über Fühlen, Denken und energetisches Arbeiten Energien zu beeinflussen, als dass im Physischen etwas in Ordnung gebracht werden kann.

Aber da wir hier das Thema dieses Büchleins verlassen, belassen wir es mit dem Hinweis auf die Bücher *Heilen 1 bis 6*. Besonders in den Bänden 4 bis 6 werden viele Informationen weitergegeben, die mit der Komplexität des Zusammenspiels zwischen inneren Welten und unserem physischen Körper zu tun haben. Und wer mehr über das Ego erfahren möchte, der kann dies über die Lektüre des Büchleins *«Der Antichrist – Der Versuch über unser Ego den Teufel zu erklären»* tun.

Wir verlassen den Spiegel, als der unser Körper für uns wirkt, und kommen zu einer anderen Aufgabe, die unser physischer Körper ebenfalls für uns übernimmt. Denn er sammelt unsere Lebens- und Verhaltensgewohnheiten über lange Zeit und dient uns so als Chronik. Wir können an unserem Körper ablesen, was wir geworden sind über das, was wir waren.

10 Der Körper als Chronik

Ein Baum, der ständig dem Nordwind ausgesetzt ist, der wächst schief. Eine Katze, die immer wieder aufgescheucht wird, wird misstrauisch und ängstlich.

Und wir?

Jemand, der immer gescholten und kleingemacht wird, der geht bedrückt einher.

Jemand, der sich immer Last und Schuld aufgeladen hat, der kriegt einen krummen Rücken oder einen Buckel.

Jemand, der seine Nase immer in fremde Angelegenheiten hineinsteckt, der…

Jemand, der seine Finger immer nach dem Eigentum anderer Leute ausstreckt, der…

All die Redensarten, die mit unserem Körper und Teilen davon zu tun haben, kommen nicht von ungefähr! Wenn uns etwas auf dem Magen liegt, dann will uns unser Magen etwas mitteilen. Er will uns sagen, dass wir uns anders verhalten sollen. Denn ansonsten hat er nicht mehr genügend Kraft, um das zu tun, wofür er da ist, nämlich um zu verdauen.

Wenn wir ständig unserem Wohl entgegenhandeln, dann leidet unser Körper. Es leidet insbesondere das betroffene Körperteil. Denn eine Kröte im Hals kann mit der Zeit zu Halsschmerzen und schliesslich zu einem Tumor heranwachsen. Und das Bittere unserer Verbitterung wirkt schädlich für unsere Knochen und Gelenke. Sind Rheuma und Gicht wirklich das, was uns die Schulmedizin über sie sagen kann?

Und dem allem ist noch nicht genug. Denn wir haben sehr wahrscheinlich bereits frühere Leben gelebt. Und unsere schädlichen Gewohnheiten und Machenschaften nehmen wir aus diesen Leben ins jetzige mit. Das ist nicht eine unhaltbare Fantasievorstellung. Das ist vielmehr der Grund für unerklärbare chronische Schmerzen, für Phantomschmerz und für Heilprozesse, die sich die Schulmedizin über ihre Mittel nicht erklären kann.

Alles, was uns dabei hemmt, innerliche Schönheit zu erlangen, wirkt sich negativ auf unseren Körper und seine äussere Erscheinungsform aus. Wer seine Aufgaben löst und seine Lektionen lernt, der schafft dadurch Abhilfe. Mehr will dieses Kapitel nicht sagen. Es soll nur auf etwas hinweisen, was für Menschen, die körperliche Herausforderungen angehen wollen, bei ihren Aufgaben helfen kann.

Wer auf seinen Körper hören lernt und ihn genau betrachtet, der öffnet damit sein Auge für seine inneren Welten. Und wer die Chronik zu lesen und verstehen lernt, der findet darin die Anleitungen, die er benötigt, um sich selbst helfen zu können.

Wer Erleichterung und Heilung am eigenen Körper erfahren durfte, der braucht niemand anderes mehr, der ihm bestätigt, dass sein wiedergefundenes Wohlbefinden objektiv erklärbar und belegbar ist. Wozu auch? Man fühlt es doch, wenn es einem gut geht…!

Aber wir gehen noch weiter. Unser Körper ist nicht nur Spiegel und Chronik. Er legt für uns auch Zeugnis ab. Insbesondere unser Antlitz zeugt mit seiner wunderbaren Ausstrahlung von dem, was uns innewohnt und leuchtet…

11 Der Körper als Zeugnis

Kinder und junge, sorglose Menschen sind natürlich schön. Aber mit zunehmendem Alter, mit Pflichten, Herausforderungen und Sorgen verändert sich das äussere Erscheinungsbild nach und nach.

Ein Familienvater, der Geldsorgen hat, dessen Gesicht wirkt grau und fahl. Seine Sorgen dürften ihm auf dem Magen liegen. Darum hat er oft mit Verdauungsproblemen, Magenschmerzen und fehlender Lebensfreude zu kämpfen. Denn im Bauch ist unsere Intuition zuhause. Wenn diese nicht mehr auf uns wirken kann, fehlt uns unser Bauchgefühl, das uns in die richtige Richtung lenken hilft.

Wenn man auch nur eines unserer Haare chemisch untersucht, so kann man darin beinahe alle Substanzen nachweisen, die wir in den vergangenen Wochen und Monaten konsumiert haben. Insbesondere schädliche Substanzen wie Drogen, sind leicht erkennbar.

Mit unserem Körper verhält es sich ähnlich. Zwar kann man ihn nicht chemisch untersuchen, um auf die Resultate zu kommen, die unsere Beobachtungen bestätigen würden. Aber ein strahlendes, glückliches Gesicht erzählt uns von einer anderen Vergangenheit, als es eingefallene Wangen, hohle Augen mit dunklen Ringen und hervorstehende Kieferknochen tun.

Wer zu tragen, zu beissen, zu leiden, zu ertragen, zu bezweifeln und zu verzagen hat, der lebt ein Leben, das unter schlechten Einflüssen steht. Und wer eine negative Situation nicht löst, sondern sich immer mehr in sie hineinsteigert, der führt in irgendeinem Bereich eine Überbelastung herbei. Wenn etwas überbelastet wird, dann gibt es nach, geht kaputt oder führt einen Systemkollaps herbei, der wie ein Totalschaden alles lahmlegt.

Anders innere Schönheit! Innere Schönheit wirkt entspannend, reinigend und belebend. Denn innere Schönheit entsteht aus all den Dingen in unserem Innenleben, die uns guttun. Innere Schönheit schenkt uns Lebensfreude. Und ständig erlebte Freude, Glück und Fülle haben ihre Wirkung auf unser äusseres Erscheinungsbild.

Sind Sie auch schon mal durch den Park spaziert und haben dort auf einer Bank in der Sonne eine glücklich scheinende, alte Person sitzen sehen?

Wer mit sich selbst im Reinen ist, der kann glücklich sein, selbst wenn er alt ist und auf den Tod wartet. Und wer selbst unter widrigen Umständen glücklich ist, für den werden nicht nur die Gezeiten wechseln und bessere Tage herbeiführen. Nein, er strahlt auch gegenüber seinem Umfeld etwas aus, was beruhigt, ermutigt und beflügelt.

So wie eine Blume im Ödland erblüht, sollte unsere innere Schönheit im Grau des wirtschaftlichen

Gesellschaftsalltags ausstrahlen. Denn diese positive Ausstrahlung schützt uns vor negativ wirkenden Einflüssen. Und gleichzeitig hilft sie unseren Mitmenschen, selbst wieder positiver durchs Leben gehen zu können.

Es ist einfach, überall immer nur das Negative zu sehen. Die allgemeine Wirkung davon lässt sich in den jährlich steigenden Gesundheitskosten ablesen. Das Gegenteil aber ist viel herausfordernder. Dafür ist die Wirkung auch viel stärker, wenn wir es tatsächlich schaffen, trotz all der negativen Gründe das Gute zu sehen und wertzuschätzen.

Unser Körper legt Zeugnis ab, wie wir denken, fühlen und handeln. Er zeigt im Aussen, über welche inneren Haltungen das zustande kam, was wir erreicht haben und sind.

Achten Sie sich doch mal, wie schnell die verschiedenen Menschen altern. Und vergleichen Sie das äusserlich scheinende Alter mit der Lebensweise und der inneren Haltung der Menschen. Sie werden erkennen, dass es sich lohnt, positiv zu denken und auf all das zu achten, was innerlich schön macht…

Aber das alles ist eben nur eine Sache für achtsame Menschen. Wer gleichgültig durchs Leben geht und das Veilchen am Wegrand nicht erblickt, für den bleibt die Welt langweilig und grau.

Aber gerade da könnte uns unser Körper eben helfen. Denn über unseren Körper sind uns fünf Sinne geschenkt worden, mit denen wir wahrnehmen könnten. Und wer dies tut und sich darin perfektioniert, der erweckt dadurch weitere Wahrnehmungskanäle, so dass er mit der Zeit auch viele der sich im Innern der Menschen abspielenden Geschehnisse wahrzunehmen vermag. Und dies ist eine Chance, die uns unser Körper schenkt, die wir nicht ungenutzt vorbeiziehen lassen sollten…

12 Der Körper als Chance

Alles, was sich in unseren inneren Welten abspielt, wäre eigentlich gar nicht auf einen physischen Körper angewiesen. Dennoch leben wir in einem Körper aus Fleisch und Blut. Wozu denn?

Nun, wir dürfen annehmen, dass wir in einem physischen Körper wiedergeboren werden, damit wir dadurch fähig werden, ein Erdenleben mit all seinen Eigenheiten leben zu dürfen. Und dies wohl nur aus einem einzigen Grunde: Weil unsere Seele berührt werden möchte!

Indem wir auf dem Erdenrund mit all dem interagieren, was wir darauf antreffen, wird unsere Seele mit jeder Interaktion berührt.

Wenn wir unachtsam und gelangweilt durch unser Leben gehen und uns bei jeder sich ergebenden Möglichkeit mit Suchtmitteln oder durch übermässigen Konsum zudröhnen, dann wird unsere Seele kaum berührt. Denn unsere Seele erfreut sich an allem Hohen und Hehren.

Wer sich aber ab den kleinen, unscheinbaren Besonderheiten im Hier und Jetzt zu erfreuen lernt, der berührt seine Seele immer wieder von Neuem mit Dingen, nach denen unsere Seele so sehr sucht.

Die Folge davon ist, dass durch unser achtsames Verhalten unsere Verbindung zu unserer Seele wächst. Damit steigern wir auch die Möglichkeit, unsere Seele besser wahrnehmen und erkennen zu lernen. Dies führt so weit, dass wir erkennen dürfen, dass wir selbst die Seele sind. Und wenn wir das erkannt haben, dann kann uns niemand mehr unserer Seele berauben…

Unser physischer Körper ist also unsere Chance, durch ihn uns selbst in aller Wahrheit entdecken zu dürfen. Und darum sollten wir nicht nur behutsam mit unserem physischen Körper umgehen, sondern ihn auch für all das nutzen, wozu er uns die Möglichkeit bietet.

Und wenn wir immer mehr Chancen erkennen und nutzen lernen, die uns unser physischer Körper gewährt, je mehr werden wir in der Lage sein zu erkennen, dass da eben nicht nur ein physischer Körper, sondern auch noch mehrere Energiekörper währen, die man entdecken und entwickeln kann.

Wer innere Schönheit zu erlangen wünscht, der erreicht sein Ziel wesentlich schneller, wenn er über seine Energiekörper, seine Energiezentren und ihr komplexes Zusammenspiel in Grundzügen Bescheid weiss. Denn so wird es dann möglich, mit seinen inneren Welten zu interagieren.

All diese Möglichkeiten, die eigentlich ihren Ursprung in der Wahrnehmung über unsere fünf physischen Sinne haben, bieten einem Menschen ein weites Entwicklungsfeld, das grenzenloses inneres Wachstum hervorbringt.

Aber es handelt sich hierbei um eine Art von Geheimwissen. Denn nicht jeder sollte über all die Möglichkeiten Bescheid wissen, die sich uns bieten. Man sollte genügend innere Stärke, Redlichkeit und Tugendhaftigkeit mitbringen, um an den Möglichkeiten nicht zu zerbrechen und dadurch weit zurückgeworfen zu werden.

Und wohl deshalb präsentiert sich vieles von diesem Wissen in Form eines Gesamtwerkes, das der Verlag denkmalnach.ch in viele verschiedene kleine Bücher aufgesplittet veröffentlicht. Nur wer sich durch die verschiedenen Themen durcharbeitet, findet nach und nach die Hinweise, die er benötigt, um zu erkennen und weiterzukommen. Wer sich eindringlich mit der Thematik auseinandersetzt, der entwickelt sich dadurch charakterlich. Dies schützt vor Verfehlung und hält von Irrwegen ab.

Dennoch können hier die zentralen Pfeiler einer ganzheitlichen Entwicklung genannt werden: Es sind dies Ganzheitlichkeit durch Heilwerden, Anbindung über regelmässiges Meditieren, Erweiterung des Wissens über die Interaktion mit seiner inneren Stimme und der geistigen Welt, und natürlich Charakterbildung über Auseinandersetzung mit allem, was da ist.

Wer die Buchserien «Spirituelles Wissen» und «Gesellschaft verstehen» durcharbeitet, der kommt in kurzer Zeit sehr weit. Aber all das ist mit Arbeit, Wille und Durchhaltevermögen verbunden. Dem soll so sein, denn das schützt all das kostbare Wissen vor Missbrauch.

Aber was nützt es, sich seine inneren Möglichkeiten zu erarbeiten, wenn man am Ende dennoch nicht findet, was man sucht?

Und darum ist es wichtig, dass wir eines wissen: Wahre innere Schönheit können wir nur finden, wenn wir selbstlos denken, fühlen und handeln.

Denn nur so gelingt es uns, unser Streben nach mehr abzulegen. Und dies ist dringen von Nöten, wenn wir die Quelle wahrer innerer Schönheit zu finden wünschen. Es ist nichts mehr und nichts weniger als der Friede mit uns selbst.

13 Frieden mit sich selbst

Das Christentum hatte und hat noch immer einen grossen Einfluss auf die Menschheit. Und eine seiner bedeutsamsten Grundlagen ist die Aussage: *«Liebe deinen Nächsten wie dich selbst!»*

Nun, den Kern dieser Aussage finden wir auch in allen anderen Religionen. Dem ist so, weil es keinen anderen Weg gibt, um inneren Frieden und somit das ewige Glück zu finden.

Aber während viele versuchen, ihren Nächsten mehr zu lieben, sollten wir die Sache von der anderen Seite her angehen. Wir sollten lernen, zuerst uns mehr zu lieben.

Wir können uns nicht sagen: «So, jetzt liebe ich mich mehr!» Das geht nicht, weil wir keinen Grund dazu haben. Wenn uns der Grund für etwas fehlt, dann fehlt uns gleichzeitig auch die Sinnhaftigkeit. Und daher ist es wichtig, dass wir über das Zusammenspiel von Ursache und Wirkung unseren fünften Energiekörper entwickeln lernen. Es ist dies unser Kausalkörper. Wenn wir über ihn erkennen lernen, dass alles miteinander verbunden ist und somit zusammenhängt, dann erkennen wir mit der Zeit auch, wie wir es angehen können, uns selbst mehr lieben zu lernen. Denn wer erkennt, dass das, was er tut, immer wieder auf ihn zurückwirkt, der sieht mit der Zeit Sinn darin, Gutes zu tun. Und wer regelmässig Gutes tut, der hat nach und nach wirklich Grund dazu, sich selbst lieben zu lernen. Wer sich selbst liebt, der kann auch sein Gegenüber lieben lernen. Aber bevor dies möglich wird, kommt in der Regel eine böse Erkenntnis, die zu einem hohen Fall führt und mit grossem emotionalem Leiden verbunden ist.

Das lässt sich wie folgt begründen:

Wer seinen Kausalkörper entwickelt, der wird dadurch ziemlich mächtig im Vergleich zu seinen Mitmenschen. Denn wer die Gesetzmässigkeiten von Ursache und Wirkung erkennen lernt, der ist grundsätzlich in der Lage, Geschehnisse vorauszusagen und Entwicklungstendenzen abzuschätzen. Dies führt zu Wissen, Erfolg und Vorteil. Aber genau diese Dinge bergen ja ein sehr grosses Verführungspotenzial in sich. Und gleichzeitig rufen sie in unseren Mitmenschen Missgunst und Eifersucht hervor.

Die Folge davon ist, dass wir fehlbar werden und gleichzeitig von unserem Umfeld her angegriffen werden. Wir sind uns aber in unserer Unwissenheit unserer Fehlbarkeit nicht bewusst. Denn wir sind ja bestrebt, Gutes zu tun und uns dadurch Gründe zu erarbeiten, uns selbst lieben zu dürfen. Auch ist sich unser Umfeld in seiner Unwissenheit nicht bewusst, dass es uns angreift.

Und so kommt es, dass wir im Irrglauben, Gutes zu tun, die ganze Zeit fehlbar sind. Fehlbar auf einer höheren Ebene, die wir nicht erkennen und verstehen können. Aber wer den hohen geistigen Helfern ins Handwerk pfuscht, der ist eben fehlbar. Da mögen seine Absichten noch so gut sein…

Und so kommt es, dass uns unsere vermeintlich guten Absichten in die Hölle auf Erden führen: Indem wir im Glauben Gutes tun zu wollen gehandelt haben, haben wir uns zwar extrem entwickelt. Aber gleichzeitig haben wir uns damit unwissentlich an den Punkt geführt, wo es uns erst möglich wird, unsere Selbstüberschätzung zu erkennen.

Erst, wenn wir so wissend, erfolgreich und potent geworden sind, dass unsere Mitmenschen uns auf unbewusster Ebene, angestachelt von ihrem Ego, angreifen und kleinmachen wollen, werden wir erkennen, wie klein, einsam und hilflos wir doch sind, wenn wir nicht auf die Hilfe der helfenden Hand über uns zählen dürfen, die uns führt, anleitet und lenkt.

Wer seinen eigenen Frieden finden will, der findet ihn, indem er sich selbst findet. Wir müssen erkennen lernen, wie viel Gutes wir zu tun imstande sind. Das macht uns wissend und erfolgreich. Aber gleichzeitig überspannen wir so auch unser Karma. Denn wer guten Grund hat, sich selbst lieben zu dürfen, der wird sehr mächtig. Und Macht ist gefährlich für einen

Menschen, der trotz allem immer noch hinter dem Schleier des Nichtwissens lebt.

Und so erteilt uns das Leben eine schwere Lektion. Auf dass wir die Macht, die uns die Entwicklung unseres Kausalkörpers verliehen hat, wieder abzulegen bereit sind.

Zuerst werden wir denken, wir seien von all unseren Mitmenschen verkannt und unfair behandelt worden. Dann aber, wenn wir verstehen gelernt haben, dass sie meist unbewusst und auch nur angetrieben durch das Gesetz von Ursache und Wirkung gehandelt haben, werden wir uns dadurch die Möglichkeit dafür erschaffen, ihnen vergeben zu können und sie lieben lernen zu dürfen. Sie zu lieben, ihretwegen. Oder eben gerade ihretwegen.

Wer den Frieden mit sich selbst findet, der findet auch die Hölle auf Erden. Wer dann aber die Kraft aufbringt, nicht aufzugeben, der wird seinen wahren Frieden finden. Es ist dies der Frieden mit allen anderen; und auch mit all dem, was ist…

14 Frieden mit allem andern

Dann, wenn wir tief gefallen sind. Dann, wenn wir allein und verlassen sind. Dann, wenn sich auch unsere Nächsten von uns abgewendet haben, dann sollten wir den Mut nicht verlieren. Denn die Nacht ist in dem Moment am finstersten, bevor der Tag anzubrechen beginnt…

Menschen, die wir geliebt haben, werden zu uns zurückkehren. Denn die Liebe ist stärker als alle Trennung. Menschen, für die wir Gutes getan haben, werden erkennen, dass gute Absichten von Liebe herrühren, selbst wenn sie fehlbare Anteile enthalten. Und die Liebe, die wir uns selbst gegenüber aufbauen durften, weil wir das Gute für andere wollten, und nicht nur für uns, die wird nie mehr verlorengehen. Sie ist zu einem Teil unserer Selbstlosigkeit geworden. Und Selbstlosigkeit macht immun gegen Angriff, unsaubere Machenschaften, Anschuldigungen und Verunglimpfung.

Und so werden sich all die Probleme, die wir erleiden mussten, nach und nach auflösen und verflüchtigen. Unsere Mitmenschen werden erkennen, dass sie sich in uns getäuscht haben. Dies aber nur, wenn wir weiterhin das Gute und damit unser höchstes Ideal anstreben. Tun wir das nicht mehr, so werden wir unsere Mitmenschen in ihrem Denken und Handeln bestätigen.

Unsere guten Absichten und Taten werden als solches erkannt, wenn wir sie weiterverfolgen, selbst dann, wenn uns Ungemach dadurch widerfahren ist. Unsere Mitmenschen werden durch unser Leid den Beweis dafür erhalten, dass es uns ernst ist. Darum sollten wir nicht von unseren Idealen ablassen. Denn würden wir dies tun, dann würden unsere Mitmenschen denken: «Ich hab's ja immer gewusst! Es war alles nur Schein und diente dazu, sich selbst aufzuspielen und andere damit zu täuschen…!»

Also, wer es gut meint, dann aber tief fällt, der fällt, um sich wieder aufrichten zu dürfen und stärker zu sein als zuvor. Wer dies schafft, der gelangt zu einer bedeutenden Erkenntnis, um nicht zu sagen zu der alles erklärenden Erfahrung:

Die Dinge präsentieren sich uns so, wie sie sind!

Dann, wenn wir erkennen dürfen, dass wir zwar sehr viel Gutes zu tun vermögen, dass das aber für uns gar nicht vorgesehen ist, werden wir den letzten unserer Energiekörper zu entwickeln bereit sein. Es ist dies der *buddhische Körper*. Dieser Körper ermöglicht es uns, die Dinge so zu sehen, wie sie wirklich sind. Und damit dürfte einhergehen, dass wir zwar immer noch achtsam beobachtend die Welt wahrnehmen, aber nur noch eingreifen, wenn wir darum gefragt oder damit beauftragt werden. Gefragt werden wir von unseren Mitmenschen in Form einer direkten oder indirekten Bitte. Dann, wenn uns jemand fragt, signalisiert er damit auch, dass er sich innerlich zu verändern bereit ist. Dann dürfen wir ihm helfen, seine innere Schönheit zu entwickeln.

Aufträge erhalten wir bewusst oder unbewusst von der geistigen Welt. Wer seinen buddhischen Körper am Entwickeln ist, der verfügt über die Möglichkeit, abzuschätzen, woher seine Aufträge kommen. Und er wird mit den geistigen Helfen zusammenarbeiten können. Dies, weil er nicht mehr Gefahr läuft, seine Macht zu missbrauchen und sein Karma zu überspannen, indem er von sich aus Gutes tut.

Warum wir nicht von uns aus Gutes tun sollten? Weil jeder da ist, um zu lernen. Indem wir von uns aus alle Hürden und Herausforderungen aus dem Weg räumen, nehmen wir unseren Mitmenschen die Möglichkeit, sich selbst und ihr Potenzial zu entwickeln. Warum sollten wir Dinge tun, die wir können, wenn wir dadurch den anderen die Möglichkeit nehmen, selbst diese Dinge zu tun zu erlernen? Ist das nicht schon fast selbstsüchtig und unfair den andern gegenüber?

Indem wir unseren Mitmenschen ihr Entwicklungspotenzial zugestehen und sie so sehr lieben lernen, dass wir auch mitansehen können, wie sie in ihrer Entwicklung leiden, lernen wir, was innerer Friede ist. Es ist die Erkenntnis, dass wir alle zusammen unseren individuellen Weg gehen und dabei unsere Lektionen lernen. Auf dass wir am Ende dieses Erdenlebens mehr nachhause bringen können, als womit wir gekommen sind.

Innerer Friede entsteht aus der Erkenntnis heraus, dass es gut ist, so wie es ist. Wir dürfen uns selbst entwickeln und dadurch über unsere innere Schönheit ausstrahlen. Aber andere dadurch schön machen, das ist uns weder gegeben noch erlaubt. Sie müssen ihren Weg selbst gehen. Wenn sie dies wollen und daran glauben, werden auch sie aus ihrem Inneren heraus vor Schönheit erstrahlen. Wollen sie es nicht, oder gelingt es ihnen nicht, so haben wir dies zu akzeptieren und auch zu verstehen. Gelingt uns das, dann haben wir unsere Nächsten wirklich lieben gelernt. Und wenn uns das gelungen ist, dann haben wir den Frieden nicht nur uns gegenüber in unserem Innern gefunden, sondern auch unseren Nächsten gegenüber im Aussen.

Wer inneren und äusseren Frieden erleben und erfahren durfte, der strahlt, weil er innerlich schön geworden ist. Aber diese Schönheit wird relativ. Sie wird relativ, weil sie zur Selbstverständlichkeit geworden ist. Sie findet durch uns keine besondere Beachtung mehr. Denn es geht uns um mehr! Es geht uns darum, immer und immer wieder von Neuem zu erkennen, dass die Dinge so sind, wie sie sind. Und dass es gut ist so.

Ja, es geht darum loszulassen. Wer alles loslässt, der erhält dafür alles zurück – auch die innere Schönheit.

Denn als wir auf diese Erde gekommen sind, hatten wir bereits alles. Aber irgendwie haben wir all unsere Mitgift preisgegeben und verloren. Wir haben verloren, um von Neuem lernen zu dürfen, dass es gut ist, so, wie es ist. Geholfen dabei haben uns unser Ego und unsere Mitmenschen. Indem wir Frieden mit unserem Ego geschlossen haben, haben wir inneren Frieden mit uns selbst erlangt. Indem wir vergeben gelernt haben, haben wir bewiesen, dass wir in der Lage sind, unsere Nächsten so anzunehmen und zu lieben, wie sie sind.

Am Schluss bleiben wir zurück und haben nichts mehr, weil wir alles losgelassen und weggegeben haben, was uns ausgemacht hat. Aber gleichzeitig haben wir alles erhalten, was uns erkennen lässt, was wir eigentlich sind. Was das ist, das kann hier nicht beschrieben werden, denn das ist für jede und jeden anders und individuell.

Aber eines kann hier ganz klar gesagt werden: Es ist das, was einen Menschen ausmacht, was wir zurückerhalten, wenn wir alles weggegeben haben. Und das, was wir erhalten, führt zu wahrer innerer Schönheit. Diese wirkt im Aussen über uns. Und so wirkt das Göttliche über uns alle: Wir sind des Schöpfers Ebenbild – wenn wir uns dazu würdig erweisen…

15 Ausblick

Innere Schönheit wächst ständig und überall. Wir erkennen sie nur nicht, weil ihre Entwicklung und ihr Wirken still und unscheinbar sind. Aber wenn wir über mehrere hundert Jahre zurückblicken, dann stellen wir fest, dass sie sich entwickelt hat. Wir nennen diese Entwicklung Evolution. Und Evolution kommt zustande über Selektion. Es ist dies nicht eine Selektion, wie sie die Menschen ausüben. Es ist dies eine schöpferische Selektion, auf dass es immer weiter und niemals zu Ende gehe: Es ist die Tatsache, dass das Gute fortbesteht und das Böse sich selbst vernichtet.

Es ist uns in unserer Unwissenheit nicht gegeben, Gesetzmässigkeiten und Wahrheiten aus diesen Beobachtungen abzuleiten. Denn wir leben ja hinter dem Schleier des Nichtwissens und wissen daher nicht, ob wir gerade dem Guten oder dem Bösen am Helfen sind, seine Wirkung zu entfalten, auf dass die Menschheit und das Leben selbst daraus lernen kann.

Eins aber ist sicher: Wir tun gut daran, der schmalen, feinen Linie in der Mitte zwischen Gut und Böse zu folgen. Denn so dürfen wir als selbstlose Betrachter über beide Seiten beobachten und lernen.

Ob dies die Lösung für uns und die Menschheit darstellt?

Wir wissen es nicht. Wir wissen auch nicht, ob dieses Büchlein hier gut oder böse ist.

Aber wenn wir die Dinge annehmen und uns in sie hineinfühlen, dann geben wir ihnen die Möglichkeit, einen Teil von uns zu werden. Und die Selektion wird dafür sorgen, dass das Gute bestehen bleibt, und dass das Böse abgelegt werden kann. Denn das Böse ist gar nicht böse. Es ist nur aus unserer subjektiven Empfindung heraus negativ konnotiert. Aber eigentlich braucht es das Böse genauso wie das Gute. Denn nur aus der Auseinandersetzung der Gegensätze heraus kann sich eine Entwicklung einstellen. Und diese Entwicklung führt zu innerer Schönheit, die nach und nach auch im Aussen zu wirken vermag.

Und wenn jetzt ein Ausblick gewagt wird, dann der, dass es der Menschheit wohl gelingt, sich immer mehr den Gegensätzen anzunähern und so die Missverhältnisse auszugleichen. Dies kann gesagt werden, weil dies nichts anderes ist als das, was wir als Lernen bezeichnen.

Und wenn die Gegensätze ausgeglichen werden, dann wird dies zu weniger Leid auf Erden führen. Denn je kleiner die Unterschiede, je weniger hoch der Fall.

Aber es werden neue Gegensätze in Erscheinung treten. Denn das Leben braucht immer wieder neue Herausforderungen, um daran wachsen zu können.

Wachstum führt zu Blüte, und Blüte führt zu Fortbestehen. So war es schon immer. Und so wird es auch für immer sein.

Wir Menschen streben die Vollkommenheit an, weil wir irgendwann mal die wahre Liebe unseres Schöpfers bewusst erfahren durften. Darum sehnen wir uns nach ihr und meinen, dass sie in der Vollkommenheit zu finden sei.

Aber es ist ein Irrtum zu glauben, dass die Vollkommenheit ein erreichbarer Zustand sei. Die Vollkommenheit ist viel mehr das, was unser Verstand nicht zu erfassen vermag. Es dürfte sich um etwas wie sich ewig weiterentwickelnde innere Schönheit handeln, die dadurch entsteht, dass wir und auch die Lebewesen nach uns immer wieder lernen und dadurch erkennen.

Aber alles lernen und alles erkennen ist statisch. Nur so ist es für uns erfassbar. Aber wenn etwas statisch ist, dann macht unser Verstand ein Bild davon, das er beibehält. Und das Bild wird altern, während wir uns entwickeln.

Ja, es ist wie mit dem Bild des *Dorian Gray*. Bei Dorian Gray altert das Bild und wird hässlich, während Dorian selbst die ewige Jugend zu bewahren scheint.

Wir selbst können die ewige Jugend über innere Schönheit für uns bewahren, indem wir immer wieder die Bilder, die unser Verstand von uns und unserer Umwelt macht, loslassen.

Dennoch werden wir altern und sterben. Aber es altert nur unsere äussere Schönheit. Und sterben tut nur unser physischer und ätherischer Körper. Alles andere werden wir mitnehmen, zur Blüte bringen und dann wieder ablegen, um einzukehren in die Ewigkeit, die aus ewigem Fortbestehen in Kreisläufen besteht. Das eine kommt, das andere geht. Aber wirklich kommen und gehen tut es nie, weil es Teil des Rades ist, das ständig weiterdreht und uns mitnimmt. Mal sind wir unten, mal sind wir oben. Und ab und zu ist es uns nicht vergönnt, uns in der Mitte des Rades, im Zentrum des Seins, ausruhen und erholen zu dürfen. Das dürfte der Moment sein, wo wir in der Vollkommenheit der Ganzheitlichkeit zu dem Teil gehören, der die Kraft dafür aussendet, auf dass sich die Dinge im Aussen bewegen und vorwärtskommen dürfen.

Aber was sollen all die Konstrukte, nur damit unser Verstand etwas zu denken hat…!

Nutzen wir lieber unsere Zeit, um uns all der Schönheiten zu erfreuen, die uns dargeboten werden. Ob es sich um äussere oder innere, wahre oder gekünstelte Schönheit handelt, spielt keine Rolle. Schönheit ist schön, egal wo, wie und wann. Wenn wir uns verändern und dadurch einen Perspektivenwechsel erfahren, heisst das noch lange nicht, dass die Schönheit, die sich mit unserer Perspektive verändert, nicht ihre Wirkung auf uns hatte, als wir uns an ihr erfreuen durften.

Darum sollten wir in unserem Herzen die Erinnerung an die hehren Gefühle und Gedanken bewahren, nicht aber das Bild, das die Gefühle und Gedanken herbeigeführt hat. Denn das, was wir erfahren durften, war trotz seiner Relativität in dem Moment absolut, in dem wir es WAHRhaben durften. Mehr als das dürfen wir nicht erwarten. Mehr als das kann es für uns auch nicht geben. Es ist immer nur der Moment, der in Schönheit auf uns zu wirken vermag. Wie und warum, das ist belanglos. Wichtig ist nur, DASS…

16 Schlusswort

Schläft ein Lied in allen Dingen,

Die da träumen, fort und fort.

Und die Welt hebt an zu singen,

Triffst du nur das Zauberwort!

(Joseph von Eichendorff)

Innere Schönheit schläft. Sie schläft in uns und in allen und allem um uns herum.

Sich auf die Suche nach dem Zauberwort zu machen, das könnte der Sinn unseres Lebens sein.

Und wenn das Veilchen am Wegrand als erstes wie eine Hirtenflöte über die Fluren klingt, dann kann es sein, dass über unsere Achtsamkeit und Wertschätzung viele andere Instrumente einstimmen und uns das Konzert unseres Lebens vorspielen. Sie spielen uns vor, unserer innerer Schönheit wegen. Sie widerspiegeln uns das, was wir in uns tragen, auf dass wir unsere innere Schönheit selbst im Aussen erleben und erfahren dürfen…

Zauberei…!

Wir sollten wohl zaubern lernen! Zaubern, mit den
Dingen, die uns gegeben sind…

Anmerkung

Innere Schönheit entsteht aus Ganzheitlichkeit. Ganzheitlichkeit ist das Resultat daraus, dass etwas heil geworden ist. Indem wir unsere inneren Widersprüche zwischen dem weiblichen und dem männlichen Anteil in uns ausgleichen, heilen wir damit auch all die Unstimmigkeiten, die im Aussen entstanden sind und zu all den Ungerechtigkeiten in Bezug auf die Geschlechterproblematik geführt haben.

Ja, in diesem Büchlein hier wurden die formellen Vorgaben in Bezug auf die Gleichstellung von Mann und Frau nicht eingehalten. Dafür wurde einiges unternommen, damit im Innern wahre Schönheit erwachsen kann. Dann, wenn etwas über seine inneren Werte so sehr auszustrahlen vermag, dass Ungerechtigkeiten und Ungleichheiten dadurch verblassen, dann werden äusserliche Flickereien überflüssig. Ständiges Wiederholen von Wörtern in unterschiedlichen Geschlechtsformen ist eine Flickerei, die für immer andauern wird, wenn wir nicht die innere Schönheit wertzuschätzen lernen, die über einen weiblichen oder einen männlichen Körper gleichsam zum Ausdruck kommen kann.

Wenn die Gleichstellung dann immer noch ausbleibt, dann dürfte das nicht an sprachlichen Unterlassungen, sondern an fehlendem Willen zu innerer Entwicklung liegen. Gegen einen solchen

Willen sind äusserliche sprachliche Versuche hilflos. Darum wurden sie hier dem Lesefluss zuliebe auch weggelassen.

Hinweis

Als Autor für dieses Büchlein wird Michael von Känel aufgeführt. Die Inhalte aber stammen von Jennifer Hadley. Ihr gilt Dank und Wertschätzung dafür, dass sie ihr Wissen und ihre Gedanken zu teilen bereit ist. Aber es ist auch nur zu gut verständlich, dass sie aus tiefgründiger Weisheit anonym zu bleiben wünscht.

Titelverzeichnis des Verlags denkmalnach.ch

Die Titel sind wie folgt erhältlich:

- Als **Taschenbuch** zurzeit nur bei **amazon.de**
- Als **E-Book** im *Kindle*-Format bei **amazon.de** und immer mehr auch als *ePub* für **Tolino** bei **Weltbild, Thalia, Hugendubel etc**.
- Teilweise als **Hörbuch** bei fast allen Anbietern

Verlag: www.denkmalnach.ch

Autor und Suchbegriff: Michael von Känel

Bücher der Reihe *Spirituelles Wissen*:

	Meditieren *Eine Annäherung an Sinn und Zweck des Meditierens*
	Heilen *Ein Crashkurs in energetischem Heilen*

Heilen 2	**Heilen 2** *Unterstützende Ausführungen zum Crashkurs energetisches Heilen*
Heilen 3	**Heilen 3** *Anwendungsbeispiele mit Skizzen zum Crashkurs energetisches Heilen*
Heilen 4	**Heilen 4** *Grundsätze der Energiearbeit und des energetischen Heilens*
Heilen 5	**Heilen 5** *Veranschaulichungen von Heilprozeduren und Heilungsprozessen*
Sterben	**Sterben** *Der Tod als unsere wahre Lebensversicherung*
Der Antichrist	**Der Antichrist** *Der Versuch über unser Ego den Teufel zu erklären*
Die innere Stimme	**Die innere Stimme** *Wie wir uns von ihr führen lassen und ihr vertrauen lernen können*

	Die geistige Welt *Warum die Realität nicht mehr als ein Traum ist*
	Die Bewusstheit zu sein *Schranken des Lebens ablegen, um frei zu sein*
	Weisheit – Perlen und Irrtümer *Wie Weisheit erhebt oder verblendet*
	Quo vadis? *Geheimnisse über den Weg, den wir gehen*
	Heilen 6 *Energetisches Heilen und damit verbundene umfassendere Sichtweisen*

Bücher der Reihe *Gesellschaft verstehen*:

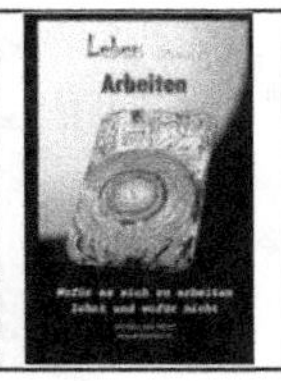	**Leben statt Arbeiten** *Wofür es sich zu arbeiten lohnt und wofür nicht*

	Selbstwirksamkeit *Wie uns der gekaufte Komfort unserer Selbstbestimmung beraubt hat*
	Moderne Versklavung *Wie und wodurch wir täglich versklavt werden*
	Die Illusion wegessen *Überlegungen darüber, wie unsere Ernährung uns blendet*
	Tricks aus der Chefetage *Kaderbildung aus Sicht der Mitarbeitenden – und was es sonst noch über Hierarchien zu lernen gibt*
	Verbundenheit *Ein möglicher Einblick in die Welt des Seins*
	Was einen Menschen ausmacht *Über die innere Schönheit im aussen*
	Das Veilchen am Wegrand *Warum die Liebe im Detail steckt*

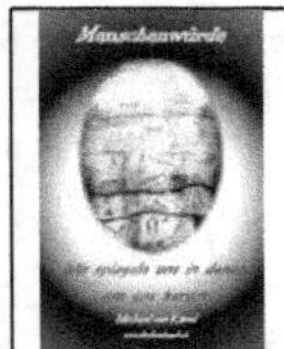

	Menschenwürde *Wir spiegeln uns in denen um uns herum*

Bücher der Reihe *«Augenmerk Hochsensibilität»*:

	Band 1 – Portrait eines hochsensiblen Menschen *Einblick in den Werdegang und die Erfahrungen eines feinfühligen Menschen*
	Band 2 – Die Wahrnehmung eines hochsensiblen Menschen *Wie und was hochsensible Menschen wahrnehmen können und warum*
	Band 3 – Hochsensibilität in Verbindung mit Achtsamkeit *Was alles möglich wäre aus Sicht eines hochsensiblen Menschen*

Bücher der Reihe *«Vision 3000»*:

	Vision 3000 Band 1 – Die Welt ist im Wandel *Es stehen Veränderungen an...*
	Vision 3000 Band 2 – Veränderungen machen uns zu schaffen *Neue Denkansätze helfen*

<table>
<tr><td>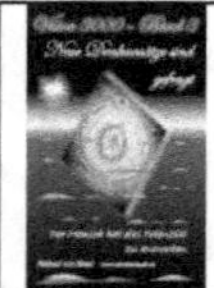</td><td>Vision 3000 Band 3 – Neue Denkansätze sind gefragt
Der Mensch hat das Potenzial zu antworten</td></tr>
</table>

Romanserie mit spirituellem Hintergrund
Tränen des Drachen:

	Tränen des Drachen – Band 1 *Comfortably numb – Angenehm berauscht*
	Tränen des Drachen – Band 2 *Seventh Son of a seventh Son – Der siebte Sohn des siebten Sohnes*
	Tränen des Drachen – Band 3 *Stairway to Heaven – Die Himmelsleiter*
	Tränen des Drachen – Band 4 *Child in Time – Ein Kind der Zeit*
	Tränen des Drachen – Band 5 *Warriors of the World – Krieger der Erde*

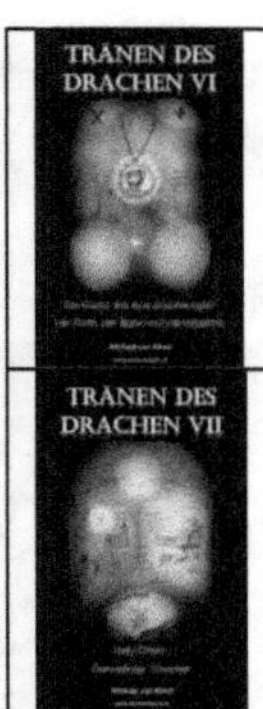

| | Tränen des Drachen – Band 6
*The Good, the Bad and the Ugly –
Der Gute, der Böse und das Hässliche* |

| | Tränen des Drachen – Band 7
Holy Diver – Geweihter Taucher |

Serie *Philosophie und Bildung*:

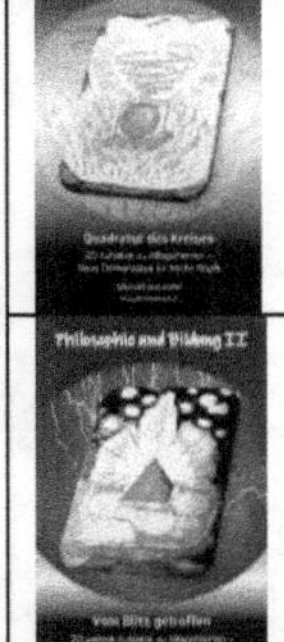

| | Philosophie und Bildung – Band 1
Die Quadratur des Kreises
20 Aufsätze zu Alltagsthemen – Neue Denkansätze
für frische Köpfe |

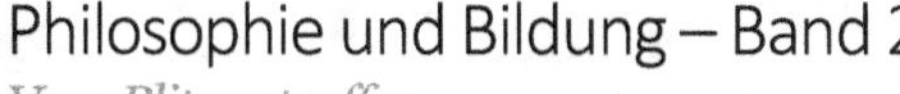

| | Philosophie und Bildung – Band 2
Vom Blitz getroffen
20 weitere Aufsätze zu Alltagsthemen – Neue
Denkansätze für frische Köpfe |

| | Philosophie und Bildung – Band 3
Schwarzer Diamant
20 weitere Aufsätze zu Alltagsthemen – Neue
Denkansätze für frische Köpfe |

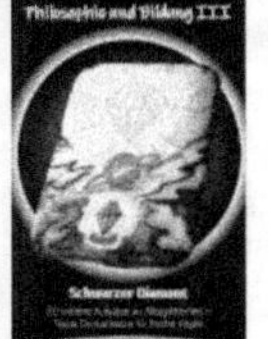

| | Die kleine Maus
20 Naturgeschichten zum Nachdenken für Kinder
und Erwachsene |

	Richtig (v)erziehen *Warum lieb sein zu Kindern böse ist*
	Lehrermangel *Warum der Lehrerberuf so anstrengend ist*
	Sich selbst sein *Auf dem Weg in die persönliche Unabhängigkeit*

Serie *Arbeitsbücher der Achtsamkeit*:

	Arbeitsbuch der 7 Schlüssel *Charakterbildung leicht gemacht – Der Weg ans Licht*
	Arbeitsbuch der Wahrheit *Warum Lügen kurze Beine haben*
	Arbeitsbuch des Beobachtens und Wahrnehmens *Lernen zu entdecken, zu erkennen und zu begreifen*

Serie *Übungsbücher der Achtsamkeit*:

	Übungsbuch der Spiritualität *30 Übungen zum Erfahren spiritueller Aspekte*
	Übungsbuch der Achtsamkeit *30 Übungen zum Erfahren, Beobachten und Wertschätzen*
	Übungsbuch der Selbstwirksamkeit *30 Übungen zum Erkennen, was möglich sein könnte*

Serie *The Best - The Rest – The Rare*:

	Harry Potter enthüllt *Eine spirituelle Erklärung für den Erfolg der erfolgreichsten Buchreihe aller Zeiten*
	Gesammelte Gedichte *40 gesammelte Gedichte mit Tiefgang, aus der Feder der Autorengemeinschaft* www.denkmalnach.ch
	E-Bike to work *Wie das Elektrovelo mein Leben verändert hat*
	Ein Quantum Trost *Für jeden Tag ein Bild und eine Aussage, um sich an die Hoffnung zu erinnern*

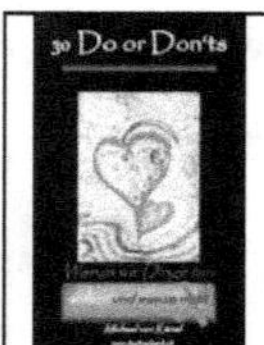

30 Do or Don'ts
Warum wir Dinge tun sollten und warum nicht

Bücher der Reihe *Erfolgreich durchs Leben*:

*Bereits komplett **als Hörbuch** erhältlich!*

Teil 1 - Erfolgreich leben 1: Lernen mit Geld umzugehen; *Grundwissen über Geld und den Umgang damit als Basis für mehr Selbstwirksamkeit*

Teil 2: Erfolgreich leben 2: Selbstsicherheit aufbauen; *Hinstehen und ohne Unsicherheit sich selbst sein dürfen*

Teil 3: Erfolgreich leben 3: Effizient Lernen; *Grundsätze des Lernens, die den Wissenserwerb erleichtern helfen*

Teil 4: Erfolgreich leben 4: Sich Ziele setzen können; *Warum man Ziele nur erreichen kann, wenn man welche hat*

Teil 5: Erfolgreich leben 5: Absichten durchschauen; *Was hinter dem Verhalten anderer Menschen und Institutionen steht*

Teil 6: Ursache und Wirkung 1: Übergewicht verstehen; *Wie Übergewicht zustande kommt - und was man tun kann*

	Teil 7: Ursache und Wirkung 2: Streit entlarven; *Warum gestritten wird und wie man Streit vermeidet*
	Teil 8: Ursache und Wirkung 3: Trägheit ablegen; *Wie man den Weg zu einem aktiv gestalteten Leben findet*
	Teil 9: Ursache und Wirkung 4: Überdruss loswerden; *Lernen, die Dinge in einem positiven Licht zu erblicken*
	Teil 10: Ursache und Wirkung 5: Mangel beheben; *Vom inneren Mangel, der zu äusseren Mangelerscheinungen führt*
	Teil 11: Glücklich leben 1: Freundlichkeit und Anstand; *Wie uns freundlicher und guter Umgang die Türen öffnet*
	Teil 12: Glücklich leben 2: Dankbarkeit; *Warum Dankbarkeit die Grundlage für ein glückliches Leben ist*
	Teil 13: Glücklich leben 3: Hilfsbereitschaft; *Was unsere Hilfe für andere Menschen bedeutet*
	Teil 14: Glücklich leben 4: Nächstenliebe; *Warum Nächstenliebe bei Selbstliebe beginnt und uns so das Glück finden lässt*

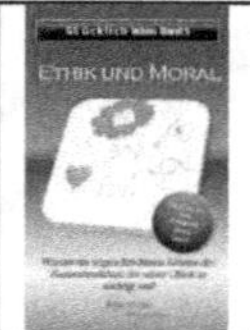

| | **Teil 15: Glücklich leben 5:** Ethik und Moral; *Warum die ungeschriebenen Gesetze des Zusammenlebens für unser Glück so wichtig sind* |

Bücher der Reihe *Die Wirkung von… :*

	Die Wirkung von Angst auf unser Leben *Was Angst alles behindert und verunmöglicht*
	Die Wirkung von Lärm auf unser Wohlbefinden *Wie Lärm uns beunruhigt und uns Kraft raubt*
	Die Wirkung von Musik auf unsere Selbstwahrnehmung *Wie Musik uns zentriert und beruhigt*
	Die Wirkung von Bildschirmkonsum auf unser Leistungsvermögen *Wie Bildschirme uns ablenken und unsere Leistung senken*
	Die Wirkung von Sport und Bewegung auf unsere Ausgeglichenheit *Was Sport bewirkt und wann er nützt*

	Die Wirkung von Mode auf unsere Selbstachtung *Wie Mode uns beeinflusst und fremdbestimmt*
	Die Wirkung von Gewohnheit auf unsere Lebensführung *Was Gewohnheiten uns geben - und was sie uns nehmen*
	Die Wirkung von Wasser auf unsere Gesundheit *Wie Wasser nicht nur unseren Durst stillt*
	Die Wirkung von guter Luft auf unseren Körper *Wie frische Luft uns beflügelt*
	Die Wirkung von Reisen auf unsere Konzentration *Wie Reisen und Pendeln uns müde machen*

Die Klappentexte zu den einzelnen Büchern sowie
die Serienbeschreibungen sind in den Online-Shops
beim jeweiligen Titel aufrufbar.

Verlag: www.denkmalnach.ch

Autor: Michael von Känel

Herzlichen Dank, dass Sie den Verlag unterstützen und weiterempfehlen!

www.ingramcontent.com/pod-product-compliance
Lightning Source LLC
Chambersburg PA
CBHW050929260726
48660CB00001B/468